JN096201

新しい時代の教職原論

園・学校の事例から考える

石田成人

|著|

ミネルヴァ書房

刊行に寄せて

　　　　　　　　　　　　　　　　　　聖徳大学教授

小田桐　忍

　石田成人先生からお電話があり，著書がミネルヴァ書房から刊行されるので，その序文を書いてもらいたいとのお申し出を受けた。これまで先生とお付き合いさせていただいた者として，先生を読者のみなさんに紹介することは，誠に光栄であったため，謹んでお引き受けした次第である。

　実は，先生と私は東京未来大学で一緒に勤務していたことがある。ちょうど同大学が新学部設置のため，社会科，公民科教育法を担当できる教員を探していたところ，ある方から先生をご紹介いただいたのが出会うきっかけである。他人との出会いも最初は偶然という言葉で片付けてしまいがちだが，振り返れば，先生は私の生涯で出会うべき人であったような気がしてならない。

　どんな書物であっても，それを読めば著者のことが一目瞭然だ。本書もまた石田先生という私たち教育者の鑑が，自らの知見を縦横無尽に出し惜しみしないものになっている。ただ，先生を知る者としては，みなさんにぜひ本書の背景にある先生の人柄も紹介したい。

　第一に，冒頭に記した出会いからもわかるとおり，先生は大変律儀な方である。私との上記の出会いを忘れず，序文の執筆を依頼してくださるような方である。私には，丁重にお断りする途もあったが，先生のお人柄をこうしてみなさんに知っていただきたい一心で，喜んでお引き受けした。

　第二に，先生はきわめて実力のある著述家である。先生に書けないテーマは存在しない。先生はかつてある新聞社の群馬県版のコラム（毎週日曜日掲載）を2012（平成24）年4月から2018（平成30）年7月まで6年間にわたり担当し，何

と166回も連載している。各回の内容は，日仏交流，日本地図，色彩感覚，高性能車，東京五輪，義務教育など多岐にわたる。先生はそれらを他人事ではなく，先生自身の視点から評論してしまうのである。

第三に，先生は意気に燃える熱血漢である。先生は少年時代を彷彿させる茶目っ気たっぷりの顔立ちだ。そんな先生にあるとき私の趣味で継続している逐次刊行物に収録する原稿をねだったことがある。先生は小学校社会科の教科書をポルトガル語に翻訳したときのウラ話を御披露くださった。先生が新任校長として群馬県太田市の小学校へ着任したときに出会った日系ブラジル人の子どもたちのために何ができるのかを思案した結果が，子どもたちとその家族のために，ポルトガル語版翻訳教科書を作成することだったそうである。想像を絶する大変な作業のなか，関係各方面から支援をいただきながら，完成にまで漕ぎ着けられたのは，ひとえに先生の子どもたちに対する熱い思いに誰もが共感したからではないのだろうか。

なんといっても，先生の一番の楽しみは晴耕と雨読だと思う。きっとこの言葉は公務等を退いた後の自由な生活を表現するのだろうが，先生の場合は，それがいわゆる日課なのである。

まずは晴耕について。先生が，ご家族との大切な時間を除き，天気さえよければ畑で過ごしている時間が多いことは，先生に電話をするとわかる。なぜなら，だいたいが作業を中断して，私の相談に適切な助言をくださり，要望に快く対応してくださるからだ。私には，受話器の向こうに，汗を拭きふき携帯電話を握っている先生の姿が見える。そんな先生の畑仕事の現場に招待されたことがある。わが家の子どもたちにサツマイモの収穫をさせてくださった。そのとき先生の運転する軽トラックに乗車した感動＝インディ・ジョーンズ感を今も子どもたちは忘れていない。

次に雨読について。上述のとおり，著述家としての先生の仕事ぶりから，読みながら考え，考えながら書く，学究という言葉では片付けられない，求道者としての日常がうかがえる。そうでなければ166回も新聞にコラムを連載できるはずがない。ただ，こうした先生の仕事の根底には，新聞を教育に役立てる

＝子どもたちのために新聞を教材として活用するという思いがあったことを申し添えなければならない。

　先生のもう一つの楽しみは後進との交流だと思う。先生は時間があれば，群馬県内の教育行政（あるいは学校経営）で管理職を目指す先生方に向けた講習会の講師を引き受けている。目を細めながら，そのときのお話をされる先生のなかに後輩を温かく導かれる先輩としてのお姿を拝見する。先生の教育愛に底はなく，上下も存在しない。

　先生が本書に込めた思いは，手にしたみなさんにもすぐにわかることだと思う。私も先生が教育の世界に投じる一石をしっかり味わいたい。先生の謦咳に接することに感謝しながら，拙文の筆を擱くことにする。

　待ち合わせ時間にも几帳面な先生のために2021年6月記す

はじめに

　筆者は民間会社などで 2 年間の勤務を終えた後，教職の道に入った。当時の教員採用試験の二次面接で，面接官から「どんな先生になりたいですか？」と問われた筆者は，「ああ，もう給料日だったのかと，後になって気付くくらい，一生懸命に仕事へ打ち込みたい」と答えたことを，鮮明に覚えている。今にして思えば，もっときちんとした格調の高い答えがあったものなのに，と思い起こされるが，民間会社から教師の道を目指したころの筆者にとっては，素直な気持ちを表した一言であった。

　幸いにも，公立学校の教員として採用された筆者は，面接官にお伝えしたこの「一生懸命」の四字熟語だけは，つねに念頭に置いて教育実践を続けてきた。また，さまざまな場面で「費用対効果」や「KAIZEN（改善）」など，民間企業で学んできたことや体験を教育に生かすことや，客観的に対比することも，職能成長とともにつとめて考察するようにした。

　やがて，管理職，指導主事，教職大学院などの職務も与えられ，教育に対してそれぞれの職階や立場から，実践したものをとおして多くのことを学ぶことができた。つねに教育現場の実践から，課題解決を図り，並行してそれらの背景にある理論や根拠について考え，明らかにすることを繰り返してきた。

　人が人を教えるという仕事は大変であり，並大抵のことではない。教師として仕事をすればするほど，「これでよいのだろうか」「もっとよい別の方法があるのではないだろうか」など，次々に課題が浮上してくる。多くの場合，「これでよいのだろうか」と思うときは，教師としての「生き方」や理念，モラールに関わることなど，目に見えない自らの内面での心の働きによるもののように思える。一方，「もっとよい別の方法があるのではないだろうか」と思うときは，子どもたちに対しての指導方法や授業改善に関わることなど，目に見える自らの技法や技術に関わる場合が多いように思う。

幼稚園や学校の現場で子どもたちの指導や支援にあたる先生方は，年を追うごとに多忙を極める時代を迎えている。従前と異なり，社会の要請が教育に対して多様化するだけでなく，時々刻々情勢や状況も変化するなか，対応や対処への迅速さも求められる時代となっている。このような状況のなかで，ただ日々の多忙のなかに身を置いて，地に足も着かないようなまま「忙殺」されているとするなら，教師として何のために仕事をしているのかわからないうえに，眼前の子どもたちの自己実現やこれからの明るい展望も困難なことになろう。

　さらに，昨今は「少子高齢社会」に突入し，入園，入学者数の激減により園や学校の統廃合が進められている。この問題は園長や校長だけが考え，対応すればよいということではない。自らの身の上にも確実に降りかかってくる深刻な問題でもあり，つねに教育に関わる社会の動向に目を向ける必要がある。一部の園では，入園する子どもの人数が急激に減った結果，経営が行き詰まって「閉園」に至り，今まで園に勤務していた職員は解雇されるということも現実に起こっている。今後は，歯止めのかからない少子化が園や学校に及ぼす影響について，園長や校長だけでなく，職員としての立場で見守っていくことが大切であろう。遠い世界の話ではなく，切実な現状ととらえる意識が求められる。

　さて，この『新しい時代の教職原論』は，園や学校に勤務されている中堅教員の先生方，あるいは保育士の経験があって幼稚園教諭の免許取得も目指そうという方を対象として書かれている。教師の仕事は多岐にわたり，一つひとつの職務には必ず根底に流れる理念や考え方がある。ただ仕事をこなしていくだけという，ノルマを達成するような職務とは異なる。量をこなすのではなく，質の高さを求められる教育の特質があるためとも言える。

　これらのことをふまえ各章の冒頭では，現場で日々勤務をするなかで，中堅教員の先生方にとって身近な事例や話題を取り上げている。どこの園や学校でも抱えている問題や実際に起こりそうな内容であり，それらをもとに，あるべき姿や考え方を明確にし，さらには根底にある「理念」や「考え方」について自分なりに見出していただきたい。

　中堅教員の先生方は，日々の多忙な職務のなかで，実践あるのみで，なかな

か自らを振り返る場や機会に恵まれないであろう。園内研修や校内研修での組織ぐるみの学びも大切であるが，本来研修を意味する研究と修養は，自らが自分の資質や能力を高めるために行うものである。本書で取り上げる現実的な課題を，今後の自らの職能成長のためにも考えていただきたい。

　また，本書で扱ったような事例が，中堅教員として勤務する園や学校で実際に起こっているのなら，解決や改善の一助として活用をしていただきたい。ここに紹介した改善策などは，ほんの一部を紹介したに過ぎず，まだまだ他に手を打つべき策などもある。自らの研修と同時進行で，園や学校の課題解決に向けてともに考えながら，解決や改善を図ることも可能であろう。

　各章末には，筆者の過去の体験をまとめたコラムを掲載している。これは，現在筆者が担当している大学の講義で，新型コロナウイルスによって失われた日常により，不安や焦りに陥りがちな学生に対し，励ましや，自信を取り戻すことができるよう作成したものである。筆者の実践の一例として，ご一読いただければ幸いである。

　園や学校の職務のなかで，今までの自分を振り返ることや，落ち着いてこれから先を考えることは難しい。しかし，中堅教員として今それを具体的にやらなければ，やはりそのまま日々の職務に忙殺され，考える間もなく流されてしまうことは確実である。人に強要されて仕方なく受講する研修では，自分自身が惨めな思いや気分になる。せっかくの研修であるので，自ら課題意識を持って，「自分のために」本書を使って生きた研修をしていただければ幸いである。各章ごとの「さらに考え，深く学ぶために」も生かしていただきたい。当然，筆者はその思いに応える責務や気概は保持している。

　教育の仕事は，日々の実践をすればするほど，次々に指導者としての課題に気付くとともに，経験年数を重ねるごとに，自らの児童観，教育観などのありようについて自問自答する場や機会が多くなる職務である。

　本書『新しい時代の教職原論』では，幼児教育や学校教育に携わる一定の職務経験を有する指導者を対象とし，日々の実践のなかで実際に起きる事例をもとに，根底に横たわる教育の理念やあり方について自ら考え，今後の職能成長に資することを目標としている。

　昨今の教育では，「こうしたら，こうなった」などの一事例を紹介し，あたかもすべてに通用するようなハウツー物や，手順や方法が事細かに列挙されたマニュアル物などが出回り，多忙で複雑化する現場で安易に使われている面もみられる。経験年数や実践の浅い指導者は，それらを「金科玉条」のように万能視するなか，豊かな幼児教育や学校教育を実践する指導者にとっては，懐疑的に受け止められるのは当然ことである。その理由は，幼児などの多様性や千変万化する育ちなどを熟知していることや，「理念」や「生き方」の存在を理解しているためである。

　本書では，著者が教育委員会の指導主事の職務をとおして関わった公立幼稚園，小・中学校，特別支援学校への指導，支援で体験したことや指導行政に身を置くなかで関わった園長，教諭や保護者の声などを，「事例」として各章ごとで扱っている。これらの事例をもとに，問題提起や学びの視点を列挙し，個々の指導者が自らの体験などと重ね合わせて，深く考え，広く学べるように構成した。

　多様性に富んだ社会を反映し，幼児教育や学校教育は従前とは異なる対応を求められるなか，子ども，保護者そして職場の人間関係など多岐化する時代を迎えている。指導者としての「理念」を明確にするうえで，「自分はどのように考えるのか」ということは基盤となることである。これらを念頭において，自らの職能成長の糧となるよう本書の活用を図っていただくことを望みたい。

目　次

第1章
教師としての理念を求められる時代

―――――― この章で学び，考えたいこと ――――――

　毎日が新たな体験の連続で，子どもたちの動きに翻弄され，指導者として無我夢中だった初任のころ。やがて，研修や自らの実践を経て，次第に子どもたちへ寄り添いつつ，遊びや活動の様子を見取りながら指導や支援がなされるようなったと感じたころ。

　そして，中堅としての今。自分では気付かぬうちに徐々に実践や経験を経て，組織のなかでは頼りにされ，担当する分掌も年々増えるだけでなく，主任や園内や校内研修担当などの組織全体を動かす役割も担当する日々。担任として眼前の子どもたちに正対することが多かった一日から，組織の一員として連絡や調整する立場となるなど，多忙感や仕事量の多さを感じることも増える。

　この章では，中堅教員として現在勤務する園や学校での仕事ぶりについて，事例をもとに振り返りながら，園長先生や所属職員との関わり方，配慮を要する保護者や子どもへの対応などを具体的な視点をもとに考え，教師として「理念」を持つことの大切さについて学ぶ。

　また，この学びのなかでは，事例に対して「自分はこのように考える」という具体的な考察ができればできるほど，根底にある理念について自ら追究することができる。この章の学習をとおして，中堅教員としての自らの理念について，より明確にできるよう学びとっていただきたい。

　幼稚園教諭として20年目の勤務経験をもつＡ教諭は，ここ数年来，日々の勤務のなかで今までに味わったこともない無力感や焦燥感を持つことが増えている。

　Ａ教諭が子どもたちを相手に話をしていると，勝手に席を離れて教室を出ていく子どもや，話の途中で割り込んだり，注意を促すと大声や奇声を発したりする子どもなどがおり，対応に追われている。これらの子どもは，何度指導や支援をしても勝手に動き回るなど，改善の様子がみられない状態が続いている。

　また，遠足でのバスの座席を指定するといった，園長や担任である自分に対して，常識や良識では考えられない，理不尽で自己中心的な求めを繰り返す保護者への対応など，１日たりとも心身が休まることがない。

　さらに，園内研修主任など職員全体の研修を企画，運営する責任ある担当や，数多くの分掌主任も加わり，多忙な日々を過ごす毎日である。

　最近では，「自分は何のために幼稚園教諭になったのだろうか」「私は本当に子どもが好きでこの道を選んだのだろうか」などと考えるなか，将来へ向けての不安や自己嫌悪に陥ってしまうことがたびたびある。

1　事例1より：現代社会を反映する縮図か

　自らの思いのまま，気の向くまま行動をする子どもが増え，現場で指導をする先生方は苦慮する。また，常識や良識では考えられない理不尽な求めを繰り返す保護者に対して，先生方はさらに心を痛めている。なぜ，このようなことが昨今は増えているのだろうか。ある園だけの話ではなく，全国的なことである。

　また，事例に登場する20年目の勤務経験をもつＡ教諭は，なぜ無力感や焦燥感を味わっているのだろうか。ここでは事例にある子どもと保護者から，その背景や原因を考えていきたい。

注意を聞かず，勝手気ままに振る舞う子ども

　夫婦と子どもだけで構成される「核家族」が増え続けるなか，祖父母と同居する「三世代家族」は減少する傾向にあることが，人口動態調査などの結果から明らかになっている。

　そのため子どもたちは，豊かな子育ての体験をもち，人としての生き方や道理をわきまえている祖父母から養育を受ける場や機会が閉ざされ，結果として核家族で養育された子どもは自己中心的になると，一般的には言われている。

　しかし，従前から日本では核家族で育った子どもはおり，祖父母の養育や薫陶を受けなくとも自己中心的な言動をとらず，人に迷惑をかけない子どもは多数みられた。また，一人っ子のため両親の養育を一身に享受していた子どももいたが，わがままで自分勝手な立ち居振る舞いをすることもなかった。

　少子，超高齢社会により，核家族が増え，三世代家族が少なくなることによって，祖父母の養育が遠ざかったことによる弊害と言えるのだろうか。

理不尽な求めを続ける保護者の存在

　人とのやりとりのなかで，わずかな相手の言葉尻をとらえて語気を強めて早口でたたみかける保護者，ボイスレコーダーやメモをこれ見よがしに相手に示しながら，話し合いの前から威嚇をする保護者など，昨今は，まさに良識や常識の範囲では考えられない言動と要求を繰り返す保護者がみられる。

　一般会社などであれば，理不尽な要求を執拗に繰り返す者に対しては，一定の対応の後，業務を妨げるなどと判断された場合には，警察への通報などにより退去させることもできるが，園や学校ではなかなかそのような対応は難しいのが現状である。

　保護者の感情のおもむくままの理不尽な要求に対して，心を痛めながらも耳を傾けることになる。しかし，子どもや保護者の行く末を考え，いつまでもこのような対応を続けていることははたしてよいことなのか，疑問が残る。

Ａ教諭はなぜ「子どもの言動」から無力感や焦燥感を持ったのか

　教職経験20年目のＡ教諭はなぜ，事例にみられる言動を繰り返す子どもの指導や支援を通して，無力感や焦燥感を持ったのであろうか。少なくとも，今までの教職歴のなかで態様の差こそあれ，このような子どもには出会っているのではないだろうか。中堅教員であるなら，今までの体験や経験を生かせば，どのような言動をとる子どもであっても善導できるのではないかと思う方もいるかもしれない。

　しかし，状況をみると，何度繰り返して指導や支援をしても改善されないという点に注目すべきである。Ａ教諭が手を替え品を替え，指導や支援をしていることは行間から読み取れるが，それでも一向に改善されないということである。また，一人で悶々と対応している面もみられる。園内で相談する相手はいないのであろうか。相談する相手がいれば無力感や焦燥感に至る前に改善されていた面もあるのではないだろうか。事例に示される子どもは，その言動など，さらに別の面で保護者との話し合いの余地もあるように思われる。

Ａ教諭はなぜ「保護者の言動」から無力感や焦燥感を持ったのか

　教師を職業として選択する人は，少なくとも子どもが好きであるという動機を持ち，子どもの持つ力を引き出すことにやり甲斐や生き甲斐を見出している人たちである。また，一定の教養を持ち，良識や常識も専門職として相応したものを持ち合わせているはずである。

　それらの教師の感覚や感性から推し量ったとき，この事例に登場する保護者の理不尽な申し出に対しては，驚きとともに理解に苦しむこととなる。なぜだろうと思いつつ，相手のことを考えるあまり，さらに自分を苦しめているようにも思える。

　一方，この無理難題を申し出た保護者は，どのような感覚でいるのだろうか。Ａ教諭が心を痛めていることや，無力感，焦燥感を持つまでに思い悩んでいることについて，どこまで理解しているのであろうか。このような言動を繰り返してとる保護者に対して，Ａ教諭のように心を痛めるだけでよいのだろうか。

2　職務の節目を考える

　古来より日本では，「三日，三か月，三年」という時期は節目や区切りとして認識され言い伝えられている。職業に就いた多くの人々にとっても，この区切りの時期に今の仕事を辞めることや，他の職への転職をする人が多い決断の節目となっている。職に就いた人々は，この節目にあたる時期までの間に自分なりに仕事を覚え，日々仕事をするなかで，この先今の仕事を続けることに対して自分自身で見極めているためだと一般的には理解されているようである。事例に登場する20年目のＡ教諭の場合にもこのことが当てはまるのかどうか，この節では考えていきたい。

自分は何のために幼稚園教諭になったのだろうか

　Ａ教諭は，まずこの言葉を自問している。このことは，裏返して考えれば，まさに幼稚園教諭を自分自身で職業として選択した理由にあたることである。また，多くの幼稚園や保育園では二次面接で受験者へ必ず問われることでもある。面接で受験者は面接官に対して「最もよい自分の姿」を示し最善を尽くすなか，幼稚園教諭を職業として選択した理由や，どのような幼稚園教諭になりたいのかなどを問われる。読者のみなさんは，幼稚園教諭あるいは保育士の採用にあたる面接での定番とも言えるこの問いに，その当時どのような回答をしたのであろうか。

　Ａ教諭は職業選択の原点ともなる志望動機にあたることを，20年も経た時期に，どのような理由で自問自答しているのだろうか。筆者はＡ教諭がいかなる志望動機を面接時に語ったのか全くわからない。しかし，Ａ教諭が，たとえば自分が理想として描いた幼児像とあまりにも今の子どもたちはかけ離れているのでやり切れないと考えるのなら，筆者は疑問に思う。さらには，昔の子どもと違って今の子どもは手におえないと考えているのなら，20年もの間，子どもたちへの指導や支援を続けてきた実践や経験は何だったのか，培われてきた自

らの資質や能力に対してどのように考えているのかをA教諭に問いたい。

自分は本当に子どもが好きでこの道を選んだのだろうか

　幼稚園教諭の二次面接での「あなたはなぜ幼稚園教諭になりたいと思ったのですか」との問いに対して，受験者の回答として最も多いものが「子どもが好きなので」だと言われている。多くの受験者がいの一番に発するこの言葉の意味とは，どのようなものなのであろうか。当然，この回答だけでは受験者が何を考えているのか皆目見当がつかないので，面接官は「子どものどのようなところが好きなのですか」や「もう少し具体的にお話していただけますか」など，二の矢を放つこととなる。

　一体，「子どもが好き」ということはどのようなことなのであろうか。確かに，幼稚園教諭は日々子どもと接する職務であり，何を置いても子どもが好きでなければ顔を合わせるのも苦痛になるだろう。最近では幼稚園や保育園から聞こえてくる子どもたちの元気な声に対して，近隣住民の一部には「騒音」として苦情を園に申し立てることや，一部の園では，子どもたちの声が漏れて近所迷惑にならないよう，園舎に防音設備を施すこともなされていることが新聞報道されている。世の中には子どもの声を騒音と認識している人もいることを考えると，子どもが好きということ自体が大変重みのある言葉とも思える時代である。

　さて，二の矢にもあたる「子どものどのようなところが好きなのか」については，経験を有する指導者のみなさんにとっては即答できることであろう。ある人は，伸び伸びしているところなどの子どもの特性を挙げる場合や，未知数である一人ひとりの子どもの可能性に対して魅力を感じる場合もあろう。

　中堅となった今，職場でも私生活でも初任のころとはさまざまな面で変化したなか，「子どものどのようなところが好きなのか」という問いに対する自らの回答は，自らの足元や今後を見つめるうえで大切なことなので，本書を読みすすめながら具体的に考える場や機会を自ら見出すことに期待したい。

　一番の出発点となることを考えることにより，今置かれている中堅教員とし

ての立場や確認，そして今後の職場や組織のなかでの役割や職責などについても考えていただきたい。

経験年数を経た中堅教員の憂い

　教育に対する夢や希望を抱いて，新たな一歩を踏み出した新任のころ。心身ともに疲れも忘れて子どもたちへ向き合った，充実感に満ちた教育実践の日々。中堅教員となった今では，懐かしくもあり，その当時へ戻れるものならと，ふと思うこともあるはずである。

　この事例にあるように「自分は何のために幼稚園教諭になったのだろうか」「私は本当に子どもが好きでこの道を選んだろうか」などと考えるなか，将来へ向けての不安などを募らせることは働いていれば起こりうることである。

　自らが職業選択をする際に一番の動機としたことや生き方に関わることを，この事例に登場する20年目の中堅教員としての立場にあるＡ教諭は自問している。また，自問するきっかけとなることは，子どもへの指導や保護者対応，さらには園内研修主任などの分掌である。これらの背景にあることは，一言で言えばどんなことなのだろうか。一般的に，多くの人がその問いの答えとして「うまくいっていないから」と考えるのではなかろうか。しかし，本当にうまくいっていないのだろうか。また，そのように判断をしたのはだれなのだろうか。いずれも本人が判断したことであろう。

客観的な判断の大切さ

　中堅のＡ教諭は，「うまくいっていない」と自ら判断をしているとすれば，本当にそれは事実なのだろうか。幼稚園にはＡ教諭だけ勤務しているのではない。園長をはじめ，同僚などの所属職員が勤務しているはずである。Ａ教諭の判断とは全く異なり，子どもへの指導や保護者への対応を手本とし，園内研修の企画，立案や実践を通して自らの研修を深めている所属職員の存在も必ずあることを忘れてはならない。

　Ａ教諭に限らず，多くの人々は同時に対応しなければならないことが二つ，

三つと重なると多忙感を持つ。また，それらについて対応できるのかどうか，不安や焦りも出る。とくにそれらの体験が少ない人ほど，多忙感や不安，焦りを持つと言われている。経験のある人たちにとっては，段取りや道筋が体験によって身についており，全体を見通したなかで対応にあたることができる。

　20年の経験があるＡ教諭は，少なくとも今までの職務のなかでただ単に子どもの指導のみに従事してきたのでなく，子どもや保護者対応などにも腐心してきているはずである。時には，自分は組織や所属職員に対して役立っていると思うことや，頼りにされていると考えることも大切である。

　また，自ら判断することに加えて，園長や所属職員の声などもうかがいながら，客観的に自分の仕事ぶりを判断することも必要なことであろう。

組織全体としての対応の必要性

　自らの仕事ぶりを振り返ることは，自らの職能成長を図るうえで大切なことである。世間でよく知られている計画（Plan），実行（Do），反省（See）の循環である経営循環（マネージメント・サイクル）に当てはめて自らの仕事を行うと，徐々に質の高い仕事ができるようになると言われている。

　Ａ教諭の仕事ぶりをこの経営循環から見ると，どのようなことが考えられるのであろうか。例えば，勝手気ままな言動をとる子どもなど，配慮を要する子どもへの対応は適切だろうか。組織全体としての対応でなく，自分自身で指導や支援を完結させようとしている面が見られる。計画の段階では自らが対応することは当然であるが，実行の段階では園長や多くの教員の支援を受け，これらの子どもへ対応することもできたのではないだろうか。また，反省の段階では，関わっていただいた方々からさまざまな意見をうかがい，助言も受けながら，次の段階へ向けたこの子どもに対する指導や支援を構想することもできたように思う。

　20年目の中堅教員として，いまさら人には聞けない，頼れないという気持ちから，園全体に関わる課題など本来なら園長の判断に関わるべきことや，組織全体として対応すべきことなどが個人に留まることもある。その結果，課題が

深刻になった後に苦慮したり，早期に対応していれば解決できたことが困難になったりする。組織対応について中堅教員として熟慮すべきである。

3　「理念ある中堅教員」が求められる時代

　幼稚園，保育園，小中学校は，教育の専門機関として子どもたちのよさや可能性を引き出す大きな役割や期待を担い，日々教育活動を進めている組織体である。さまざまな研修や日々の実践を積み重ね，教育の専門職として資質や能力を保持する中堅教員の役割は，組織のなかで経験の浅い指導者にとって的確な指導や助言を受けることができる頼りになる存在である。

　また，管理職にとっては，教育目標の具現化に向け，園や学校を組織として機能し活性化させるために，中堅教員ならではの経験や実践に基づく提案，提言や率先垂範など，園や学校の運営や経営で組織の成否を決定づける大きな要となっている。

　この節では，中堅教員の果たす役割や活躍によって組織全体がどのようになるのか具体的に考え，根底にある「理念」の存在を考えたい。

中堅教員ならではの力量とは

　園や学校で日々実践されている保育や授業は，子どもたちに教授する時代から，気付かせ考えさせる時代へと大きく変革している。また，子どもたちへ教え込んだことを記憶させ，正確に再現，再生する学びから，体験や話し合いを通して，自ら考えさせる指導や支援へと大きく舵を切っている。中堅教員は，長年の実践を通して，保育や授業に関わる指導や支援のあり方など，その変化や背景について身をもって自分なりに体験し，考えた貴重な財産を持っている。

　中堅教員は，なぜ新たな指導や支援が求められているのか，研修主任として全体研修のなかで所属職員へ伝えるとともに，自らの保育実践を公開し，全員で話し合う場や機会を積極的に企画，運営することもできる。

　日々だれもが取り組んでいる保育や授業を改善するための研修が研修主任に

は求められており，そこで確かな経験や実践を有する中堅教員としての手腕を発揮すべきである。

中堅教員が活躍している組織では

　豊かな経験やさまざまな対応を，今までに身をもって実践してきた中堅教員は，相手の気持ちや要求の根拠などを十分に聞いて，子どもや保護者に対する的を射た処遇に努めることができる身近な存在である。

　経験の浅い教員にとっては，何にも増して中堅教員が眼前で適切に対応する様子などを，「生きた教材」として学ぶことができる。さらに，学んだことは明日からすぐに自らの実践へ生きて働く力となる。

　また，組織を機能させるための基本となる「報告，連絡，相談」が中堅教員によって上司や同僚などに確実に実践されている組織では，さまざまな情報が所属職員へ周知され，組織として共通理解や共通実践が円滑になされている。このことは，園や学校で不測の事態などが起こったとき，組織として適切な判断や対応をする際の大きな決め手になる。

　園や学校で実務にあたる教員にとって，中堅教員は身近で頼りになる存在である。「子は親の背を見て育つ」ように，所属職員は中堅教員の背を見て学んでいる。管理職が会議や研修の場で幾度も「報告・連絡・相談」の大切さを所属職員へ伝えなくても，中堅教員の背を見て学んでいる教員は多いはずである。

　ここでは深入りしないが，園や学校などの組織のなかで，このような生き方と全く逆の中堅教員がいたならどのようになるのであろうか。管理職や同僚にとって，いかに中堅教員の果たす役割が大きいのか言わずもがなである。

自らの生き方を支える「理念」

　どのような職業に就いたとしても，長年その職に身を置いて日々精進し実践をするなかで，人は必ずその職に対する自分なりの考えや理想とする姿を追い求める姿勢が明らかになってくると言われている。

　みなさんは中堅教員となり，数々の実践や体験を重ねるなか，職に対する考

えや理想についてどのように描いているであろう。「自らはかくありたい」と思うことや「自分はこのように生きたい」など，職務を遂行することをとおして，次第に明確になっているはずである。

　経験の浅い時期を振り返ると，「こうすればこうなる」「こんなときはこう対処する」など，手順やマニュアルを金科玉条のようにしていたことが懐かしくも思えてくる。中堅教員として，それらだけでは通用しないことに気付き，さらに物事の本質を求めるようになる。

　この本質を求めることや自らの職能成長に伴い，自らの「生き方」や「自らの道」を探すことなどをとおして，次第に「理念」が明らかになる。その源となるものは，日々の教育や保育の実践がよりどころとなる。

4　さらに考え，深く学ぶために

「例外」は認められない

　高校で日本史を学んだとき，資料集のなかに印象に残る記述があった。京都の三条河原付近に架かる橋に落書きが発見され，「今の若い者は，自分勝手である」という内容の嘆きが記されていたとのことであった。橋の材質などを科学的な手法で測定したところ，平安時代にまで遡る落書きだとわかった。世界史でも同様に，古代遺跡にこの種の嘆きの落書きがあることを学んだ記憶がある。

　日本は専制国家ではなく，自由や人権が尊重されている民主国家である。独裁者が法改正を繰り返し，強制や強要のもとに統治する国家の体制ではない。

　日本国憲法の三本柱には，国民主権，基本的人権の尊重，平和主義が根本の原則として示されている。国民の付託を受けた代表者が議会で話し合い，国や地方公共団体での政治がなされている。

　現在の日本は，1970年代の高度成長期から年月を経て，「安定期」に入っている。人口は減り続け，総人口が1億人を割るのも早晩のうちにやってくると予測されている。世の中が安定期に入ると，人々はさまざまな考え方や見解を

持ち，生き方や価値観なども従前の範囲や規格では収まらなくなる面がある。

　良識や常識では考えられない要求や言動を取る保護者が一部ではあるが存在し，園や学校では，相手が何を求めているのかよく耳を傾け，丁重に根気強く対応を繰り返すことをとおして解決を図ることが大切である。誰の目から見ても理不尽な要求に対しては，相手の執拗さや威嚇などに屈して認めることはあってはならない。認めることは「例外」を新たにつくることになり，相手はさらなる要求を突きつけてくる。さらに，他の保護者もそれに同調し，次々に要求はエスカレートして収拾がつかなくなる。園や学校は信頼を失い，組織としても崩壊し，運営が困難になる。

　校長や園長は，校務や園務を司る立場にあり，手腕を発揮すべき責務がある。

新入社員教育と初任者研修

　筆者は，大学を卒業後に民間企業に勤務した。４月から５月までは採用者全員が会社の寮に入り，そこを起点にして研修所へ通う生活が始まった。能力開発センターでは，名刺の渡し方や挨拶の仕方などに始まり，業務に関わる専門的な知識や技能などを学んだ。研修は座学ではなく，大まかな説明や解説を受講した後，実地で学ぶことや，できるまで繰り返しやることを求められた。

　この研修が終わると，山梨県にある陸上自衛隊の北富士駐屯地での体験入隊が待っていた。号令のかけ方，行進の仕方などを，陸上自衛隊の研修担当官より泊を伴うなかで終日受けた。当時の民間企業では，陸上自衛隊での体験入隊を新入社員教育の一環としていた。

　その後，しばらくして公立学校の教職の道に入った筆者は，新任研修を年間を通して受けた。グループごとに分かれて，課題のレポートをもとに話し合い，意見交換をするなか，各グループに指導主事の先生方が加わり，指導や助言をいただくことができた。勤務校での実践で課題となる学習指導や生徒指導，児童理解などが次々とグループ内で発表され，質疑や話し合いをとおして学ぶことができた。

　民間企業の研修は，配属後に新入社員は即戦力として機能できるよう，実学

や短期集中で自らの潜在的な能力を気付かせ，発揮させることを狙いにしていることがわかる。一方，教師の初任者研修では，一年間にわたって研修スケジュールが決められているなかで，自らの課題をもとにレポートを持ち寄ってグループで話し合うなど，じっくりと時間をかけて，熟成させながら研修を進めていることを感じる。

　即効性や，目に見える効果を求める民間企業の新入社員教育に比べ，教師一人ひとりの資質や能力に応じて，先を見据えながら，徐々に伸ばしていく新任研修の考え方が伝わってくる。

職務の途上で形成される「理念」

　市教委で指導主事の職に就いていたときのことだった。市庁舎の2階で夜遅くまで仕事をする日が続いていたころ，階下の道路の方から「ダイヤモンドヘッドはよかったね」「本場のフラダンスは最高だったね」などの声が聞こえてくる。階下には駐車場が広がり，成田空港や羽田空港を往復するエアポートバスの停留所が一角に併設されている。

　やがて，大きなスーツケースをコロコロと転がす音がして，ハワイ帰りと思われる一団は，自宅から家族が迎えに来た車に乗り込み帰っていき，一時騒がしかった駐車場は再び夜の静寂さを取り戻していた。

　3月までは，市内の小学校で教頭として校長を補佐するなど管理職として勤務していたが，年度末の人事異動で行政職へ身を置くことになり，新たな職になり，慣れない仕事に追われていた。園や学校の職務は年々多忙さを増していて，心身ともに大変な負担がかかっているが，年間を見通すと，各月や学期で一段落や区切りがつく場合が多い。ところが，行政の仕事は，延々と続くうえに，つねに複数の業務が同時進行でなされ，その間には保護者からの申し立てや議会対応の答弁書作成なども入る。仕事の量が多くとも，複数の仕事が同時に進行されていても，慣れてくれば「落ち」や「抜け」もなく対応できるようになるが，終わりが見えず，出口がいつ見えるのか予測できない仕事には閉口した。

このようなとき，イライラしたり，考え込んだりするとストレスが溜まる。このような状況で，筆者が最も救われ，意欲的に取り組むことができたことは，園や学校への指導主事訪問であった。夜半に及ぶ仕事が一段落したところで，園や学校から届けられた学習指導案などを白々と夜が明けるまで読み込むことがたびたびあった。訪問した園や学校で，元気に活動する子どもや，熱心に指導にあたる先生方の姿をみると，何とも言えぬ活力が湧いてきた。

　どのような状況に置かれていても，やはり自分は保育や学習指導をとおしたなかから，園や学校へ的を射た適切な指導や支援をすることが本分であると再確認をさせられた。

第1章　理解度テスト

　以下の文を読んで，その記述が正しければ○，誤りであれば×をつけなさい。

- □(1)　園に対して，常識や良識で判断できない申し出や理不尽な要求をする保護者は，ごく一部の園だけにみられることであり，自らの勤務する園では起こらないことなので，とくに配慮することではない。
- □(2)　夫婦と子どもだけで構成される「核家族」の家庭が増え，豊かな子育て経験や人としての生き方を知る祖父母との「三世代同居」が減ったため，自己中心的で躾のなされていない子どもが増えていると言える。
- □(3)　配慮を要する子どもや保護者に対して，豊かな体験やさまざまな実践を経ている中堅教員は，その対応など経験の浅い教員の手本となる存在である。
- □(4)　中堅教員は，今までに培った豊かな資質や能力を生かして，つねに独立独行の生き方のもと，つねに自分自身の力だけで職務を遂行すべきである。
- □(5)　中堅教員として，園内研修などの自らに任された仕事ぶりを振り返るとき自分だけでなく，園長や同僚など多くの所属職員の助言や意見をうかがい，今後に生かすことが大切である。

コラム1
一生懸命やっていれば，それをみて助けてくれる人がいる

　時間や労力を惜しまずに，コツコツと着実に仕事を積み重ねる日々を送るうちに，人はふとしたとき，なにか一人ぼっちのように思えて孤独を感じることが多い。自分なりの目標を持ってさらに次の高みを目指していくと，ますます孤軍奮闘の思いが募ってくる。

　こんな気持ちになる原因は，自分と他人では仕事に対する思いや願いのほかに，目標もそれぞれ異なると考え，自分は自分であり，一人であると思い込むからであろう。また，自分のペースを乱されたり，気兼ねしたりすることなく仕事へ取り組みたいという思いなども考えられる。

　周囲でともに仕事をする人たちも，はじめは「よくやっているね」などの声掛けをするが，その姿を見続けていると，徐々に「大丈夫?」「体を壊さないでね」などへと変化し，やがて静かに見守ることが多くなる。

　一方，一生懸命やっている本人は，これらの周囲の人たちの声を耳にするたびに社交辞令と解釈し，お愛想だと捉えがちになる。加えて，静かに見守っている周囲の人の反応や態度に対して疎外感を持ち，無視されているといった曲解も芽生えてくる。

　営業や業務の実績が日々数値化される業種に限らず，公務員の人々が行う公の人のための業務や，AI（人工知能）の導入など，新たな社会の進展によって仕事は多岐化，多様化している。それでも，働く主体はあくまで人間である。

　仕事に熱心に取り組んでいる人の姿は，同僚の目に留まるだけでなく，上司にも周知される。自ら進んで仕事を一生懸命やればやるほど，行き詰まることや思案することも増え，立ち止まって悩むことも増えてくる。しかし，周囲の人々の目は節穴ではない。必ず助けてくれる人がいる。温かな目をかけ，手を差し伸べてくれる人がいる。一生懸命やっている人は，そこで初めて自分が一人ではないことや，組織の中の一人であることに気付くことができる。

　とかく，人は独立独歩で人に頼らずに職務を成し遂げようとすることが多いが，時には組織の一員として肩の力を少々抜き，周囲の人たちと協調しながら協働することも大切である。そうすることで，新たな勤労意欲も育まれる。支援や援助を受けることも，幅のある自己実現のためになるように思える。

第2章
「肯定的評価観」と「共感的理解」を真っ先に

―― この章で学び，考えたいこと ――

　この章では，現在の教育の根幹をなす「肯定的評価観」と「共感的理解」について，事例をもとに学ぶ。とくに，指導者として子どもに教えよう，身につけさせようとするあまりに頭をもたげる「欠点の指摘」と「弱点の補強」が，いかに子どものよさや可能性の芽を摘んでいるのかについて考える。

　現在の日本は，少子超高齢の社会であるうえに，一人の女性が一生に産む子どもの数は相変わらず1.3前後を推移する。また，出生人口と死亡人口の差で表される「自然増」も近年は見込めず，現状のまま人口が推移すると，日本の総人口は早晩に1億人を割る時代が到来することも予測されている。

　これらの日本の状況のなかで，次代を担う子どもたちを育てる教育に携わる指導者は，少ない子どもたちをどのように磨いていくのか問われる。とくに，中堅教員は目先の仕事に終始することなく，少子化のなかでいかに子どもたちのよさや可能性を引き出すのか，また，人口動向をふまえるなどの大きな視点を持って，これから先を読みながら，日々の職務にあたる必要がある。

　事例をもとに「自分はこのように考える」という具体的な見方や考え方をすればするほど，単に現在の指導観などを理解するだけに留まらず，中堅教員として新たな発想や意識に立った園経営へ参画することもできるため，ぜひ学びとっていただきたい。

　同じ幼稚園に勤務するＡ教諭とＢ教諭は，20年の勤務経験を持っており年齢も近い。両者とも，日々の子どもたちの活動に対して指導や支援を熱心に繰り返しているが，子どもたちの反応は全く違っていた。

　Ａ教諭は，「色水遊び」の活動などでは，自ら準備をした水彩絵の具を溶いた5色程の色水を準備し，ペットボトルに分けて並べ，それらを使って色水の分量を子どもたちへ指定し，手順などを伝えた後，色水を使った遊びをさせていた。黙々と手順に従って活動をする子どもたちの表情には笑顔がなく，途中で飽きたのか，やがて砂場に移り喜々として遊ぶ姿があった。

　一方，Ｂ教諭は一人ひとりの子どもへ空のペットボトルを渡し，準備したさまざまな色の水彩絵の具を紹介し，その後の子どもたちは思い思いの色を水で溶いていた。「いい色ね」「すごい色ね」などのＢ教諭の声掛けが聞こえるなか，活動とともにＢ教諭との数多くのやりとりをとおして新たな色水づくりなども始まり，子どもたちは喜々として活動に興じていた。

　Ａ教諭は子どもたちの活動を支える環境構成に熱心に取り組んでいるが，子どもたちへ指示をすることや教え込むことが多くなりがちである。それに対して，Ｂ教諭は子どもたちの活動に寄り添いながら，傍らから時折質問や称賛の言葉をかけ，結果として子どもの活動は広がり，参加人数も増えていた。

1　「肯定的評価観」と「共感的理解」の背景を考える

　高度成長下の日本は，夜昼なく馬車馬のように働くことや，人との競争をとおして勝ち上がることなど，目標に向かってなりふり構わず仕事に邁進することが美徳とされる時期があった。

　やがて，これらの考え方は教育の世界にも多分に「負の影響」を与えることとなる。子どもたちに知識や理解面に偏重した記憶を忠実に再生させ，出来具合により優劣や序列をつけることが主流であった。また，高校入試では，知識，理解面を測る模擬テストの結果や偏差値などを基準に志望校が決まる面が顕著にみられた。

　この時代の教育の特徴は,「欠点の指摘」と「弱点の補強」で総括することができる。具体的な言葉で言い換えれば,「あなたはここが欠けているので直しなさい」あるいは「あなたはこの点が弱いので,もっとがんばってよくしなさい」ということである。

　その結果,全国的に中学校を中心に「反社会的な問題行動」と「非社会的な問題行動」が蔓延し,大きな社会問題となった。「反社会的な問題行動」とは外に向けた攻撃的な,いわゆる非行で,校舎の窓ガラスを割るなどの器物損壊,対教師暴力,恐喝,放火などである。一方,「非社会的な問題行動」とは内に向き,社会に背を向けた行為で,リストカットなどの自傷行為,不登校,引きこもりなどである。

　この節では,この時代の教育を荒廃させた原因とも言える「欠点の指摘」と「弱点の補強」が子どもたちに及ぼす影響を考え,「肯定的評価観」と「共感的理解」の価値について考察していきたい。

「欠点の指摘」が及ぼす影響を考える

　自らの欠点を指摘され,そのとおりだと喜ぶ人や素直に受け入れる人は,世の中に多くいるのだろうか。たとえ指摘された自分の欠点がそのとおりだとしても,あまりよい気分にはならないだろう。また,欠点の指摘が的外れだとしたら,さらに受け入れるわけにはいかなくなる。総じて,欠点を指摘されて「いい気持ちはしない」。

　自らの欠点を最もよく熟知しているのはだれか。迷うことなく,それは自分自身であろう。わかっていることを人から指摘され,ましてやそれを直せと言われたとき,相手はどのような気分になるのか。

　欠点の指摘が自らの「性格」の場合には,本人にとって深刻な事態となる。性格には二面がある。物事を熟慮して慎重な人は,優柔不断な面も持ち合わせている。「思慮深いですね」と言われるのでなく,「決断が遅く,優柔不断ですね」と言われたとき,本人はどのように思うのだろうか。反感を持つだけでなく,本当の自分をわかっていないと判断して,以降の人間関係はどのようにな

19

るのか，推して測るべしである。

「欠点の指摘」が生み出すものとは

　子どもたちが指導者から欠点の指摘を受け続けているとどのようになるのか，みなさんに考えていただきたい。

　まず，欠点の指摘を受けないように，指導者の一挙一動を見ながら自分の言動を慎重にとるようになり，相手の顔色を見るということも起こる。ましてや，多くの同級生の前で指摘を受けることは最も避けたいため，さらに慎重になる。このような状況は，はたして教育的と言えるのであろうか。

　次に，指導者が欠点の指摘を日常的に行っていると，子どもたちはそのことを自分なりに学ぶ。ある子どもは，級友の立ち居振る舞いのなかから欠点を探し，指摘する。また，他の子どもは相手の欠点を指摘することをとおして，自らの優位性や心の安定を求めることも起こる。やがて，相手の欠点を指摘し合う殺伐とした集団ができる。ことさら人の欠点や過ちを探して言い立てる，「あら探し」が頻繁に行われる弊害も見逃せない。

「欠点の指摘」の向こう側にあるものとは

　人は，だれでも必ず「長所」を持っている。欠点を指摘された後の気分と，長所を伝えられた後の心地はどのような違いがあるのだろうか。雲泥の差がある。長所を指導者から教えられたとき，子どもたちはうれしくなり，次もまたがんばろうと思う気持ちが湧いてくる。

　さらに，指導者から自分では全く気付かなかった長所を伝えられたときには，どのような気持ちになるのであろうか。よかったと思うと同時に，気付かなかった自分のよさをさらに磨き，伸ばそうとする気持ちも高まる。

　昨今では，長所の伸長がさまざまな分野で注目されるなか，一部の指導者には何から何まで褒めることを励行している人々もみられるが，みなさんはどのように考えるのであろうか。

　多くの子どもは，当初は心地よい気分になるが，度重なった場合や，的外れ

な長所の指摘がなされたとき，どのような気持ちになるのであろうか。子どもなりに不自然さを感じ，次には「おだてられている」と感じることや，何か裏にあるなと「見透かす」ことも起こる。ハウツーや手順，マニュアルの類を超越した，指導者としての見識や資質，能力が問われることを忘れてはならないという警鐘となることである。

　子どもの活動に対して指導や支援をするなかで，指導者が見取ったよさや，学習発表会などのさまざまな園での子どもたちの活動を通して，その子のよさや長所について，事実に基づいて時と場を見極めて本人へ伝えることが大切である。

「肯定的評価観」を考える

　指導者として子どもたちへの指導や支援をするにあたって，「欠点の指摘」や意味のない「長所の指摘」の乱発を排した次には何があるのだろうか。それは，子どもたちのよさや可能性に目を向けた「肯定的評価観」である。

　指導者にとって求められることは，「肯定的評価観」をまず自分自身で受け入れることである。読者のみなさんのなかには，義務教育を受けていた当時が，まだまだ知識，理解に偏重し，欠点の指摘や弱点の補強で次の高みを目指していた時期にあたる方もいるだろう。その教育を受けてきた人々にとっては，よさや可能性に目を向けなさいと言われても，なかなか理解できない面もある。

　当初，この「肯定的評価観」という新たな考え方が教育現場に入ってきたとき，多くの指導者は「どうやって子どものよいところを探すのか」「無理して子どものよいところを探す考え方はどうかと思う」などの声が聞こえてきた。このような現場の声の背景にあるのは何だろうか。

　まず，「どうやって子どものよいところを探すのか」という声について考えたい。子どもたちの指導や支援にあたって，指導者が一方的に説明をし，子どもたちはただ聞くだけ，黙々と活動をするだけで子どものよいところを探すことはできるのであろうか。子どもたちの活動の様子をみながら，指導者が個々の子どもへ活動に応じて関わりを持ち，質問をとおして自身を振り返らせるこ

となどをくり返し，そのやりとりや結果をみながら子どものよいところを探すことはできるであろう。

　また，「無理して子どものよいところを探す考え方はどうかと思う」という声については，指導や支援のなかで子どものよいところを探すことになる。指導や支援のなかで子どものよいところを探すことができるような「場」や「場面」を適切に捉えるなど，指導者として留意することが大切である。

「肯定的評価観」への指導者の意識改革

　指導者が「肯定的評価観」による指導や支援を日々の実践で行うと，子どもたちは次々に自らのよさに気付き，自信や意欲を持って新たな活動に積極的に取り組むようになる。事実に基づき子どもたちに長所を伝えることや，「すごいね」「いいね」などの称賛する言葉も指導者から子どもたちの耳に入り，多くの子どもたちも心地よく，励みとしながら活動は広がり，交流も増えてくる。

　それらの指導者の後ろ姿をみながら，子どもたちは自らも他の級友に対して同様の接し方をするようになる。このような土壌が集団のなかで育ってくると，個々の気持ちが穏やかになり，次第に相手のよい点が次々にみえるようになる。「〜さんが，困っていた〜君に優しくしていた」「〜君は，粘土で形のよいお団子をつくり，自分は一つもらってうれしかった」など，相手のよさを素直に言葉や気持ちで表現できるようになる。

　やはり，「肯定的評価観」を持てるかどうかは，指導者の考え方一つである。欠点の指摘や弱点の補強の考え方を排して，一人ひとりの子どもの持つよさや可能性に目を向けた指導や支援への「意識改革」を願うばかりである。

「共感的理解」の大切さ

　自らが指導，支援をする子どもや接する人々には，みなそれぞれ家庭などの事情や置かれている環境があり，さまざまな状況にある。それらの相手の立場や状況を考えて，相手を尊重しながら指導，支援することや接することが大切である。

相手の立場になって考えることや，相手の思いや願いを受け止めることをとおして理解することにより，相手との信頼関係は深まり，豊かな人間関係を築くことができる。

とくに教育のなかでは，「共感的理解」に基づく指導や支援がなされると，学習面や行動面で配慮を要する子どもだけでなく，多くの子どもたちの多様な思考や考え方を広げるなど，教育的な効果が期待できる。「肯定的評価観」とともに，日々の指導や支援のなかで指導者により実践されることが期待される。

2 事例2より：「共感的理解」と「肯定的評価観」を考える

この節では，事例2に登場するA教諭とB教諭の子どもに対する具体的な指導や支援をもとに，前節で学んだ「共感的理解」と「肯定的評価観」の意味や価値について考えたい。

事例を読む限り，A教諭は用意周到できめ細かな「色水遊び」などの構想や環境構成を考え子どもたちの指導や支援にあたっているようであり，子どもたちも思いおもいに活動に取り組み，遊びの広がりや工夫も期待できそうである。

一方，B教諭は空のペットボトルを子どもたちに渡して，さまざまな色の水彩絵の具を紹介するなど，一見したところA教諭に比べて準備などは大雑把であり，一人ひとりの子どもは自由，気ままに「色水遊び」を始め，活動あって中身なしの状態になるような予感がする。ところが，この活動の結果をみると，活動が持続していることや喜々としている子どもたちの姿などから，明らかにB教諭の指導や支援に子どもたちが応えているように思える。この違いを生んだ原因を考えていただきたい。

次に，A教諭は子どもたちに「教え込むタイプ」の指導者であるのに対して，B教諭は子どもたちの活動に「寄り添うタイプ」の指導者であるとの解説が加えられていた。結果からみると，「寄り添うタイプ」の指導や支援が「教え込むタイプ」をしのいでいることがわかる。この違いについて，子どもたちの言動などから原因を考えていただきたい。

活動の大前提を考える

　子どもたちは，「色水遊び」などの活動では一刻も早く活動を始めたいと考える。始める前に指導者は手順や説明をしてから活動に移らせたいと考えるが，幼い子どもたちになればなるほど，目の前にある道具などをみれば，指導者の説明を聞くことよりも早く活動をしたいと思う。

　A教諭は，すでに準備した5色の色水を子どもたち眼前に並べている。子どもたちは，これらの色水をみることによって，よりいっそう早く活動をしたいと思う。さらにその後，色水の分量や手順を説明している。子どもたちは，これらの説明に耳を傾けることができるであろうか。

　一方，B教諭は，子どもたちに空のペットボトルを渡した後，さまざまな色の水彩絵の具を紹介している。子どもたちの気持ちになって考えていただきたい。渡された空のペットボトルと水彩絵の具から，これから何が始まるのか，子どもたちは思いおもいに考え，興味や関心も高まり，説明にも耳を傾ける。

　事前の準備や構想をすることは，活動を支えるうえで周到さが求められる。しかし，ここで忘れてはならないことは，子どもの発達段階や気持ちを考えることであろう。A教諭の「至れり尽くせり」の準備や指定，手順の説明の結果をみれば一目瞭然である。「活動あって，中身なし」である。

　日々，園でなされている活動。子どもたちが喜々として活動に取り組み，活動をとおして最後までやり遂げることや友達と力を合わせることなど，子ども自身が考えることができる「仕掛け」が，指導者の腕の見せ所であろう。

「肯定的評価観」の観点から両教諭の指導，支援を考える

　A教諭は，5色の色水を準備し，色水の分量を指定することや手順などを伝えた後，子どもたちの活動を始めている。その後，子どもたちは表情に笑顔もなく黙々と活動に取り組み，やがて飽きて砂場へ移動して喜々として遊んでいる。

　何が原因で子どもたちは色水遊びを投げ出し，砂場へ行ったのであろうか。すでに準備された色水を指導者の指定することや手順に従って遊んでいること

に注目すべきであろう。また，黙々と笑顔もなく活動に取り組んでいるのである。

　子どもたちの「思い」や「願い」をふまえ，子どもたちの立場になって考えれば，この活動がどのような意味を持つのかわかるであろう。子どもたちが活動のなかで自ら考え，工夫する場面が，ことごとく指導者の準備により失われているようである。また，子どもたちの色水遊びの活動を指導者は見取りながら，子どもたちへ言葉をかける場や機会もないことがわかる。

　B教諭は，活動の途上で一人ひとりの子どもたちの色水遊びの様子を見取りながら，「いい色ね」「すごい色ね」など，子どもたちに対して称賛や驚きを伝える言葉をかけている。また，子どもたちが水彩絵の具を選んで，溶いて，色水をつくるなかでさまざまな場面をとらえて，褒める言葉だけでなく，多様な色を溶いて色水をつくるなど，活動を広げる言葉がけも可能にしている。

　A教諭は「教えよう」「指導しよう」とするのに対し，B教諭は子どもたちに「考えさせる」「支援する」という考え方であることが事例から読み取れる。これらの基本的な考え方の違いが，子どもたちの活動に反映されているようである。

　また，子どもたちへ肯定的な評価観に立った言葉かけや支援をしようにも，場や機会が活動のなかになければ，やりようがない。まず子どもたちに「考えさせる」場面を構想しながら，活動を見直していくことが大切であろう。

「共感的理解」の観点から両教諭の指導，支援を考える

　指導者として子どもたちへの「共感的理解」に基づく指導や支援をする際に問われることは，真に相手の立場になって考えられるのかということである。子どもの発する言葉や表情を読み取りながら，今子どもは何を，どのように考えているのかなどを明らかにする力が求められる。

　また，活動のなかで指導者が一方的に教え込むことや，説明に終始している状態では，子どもはただ黙々と指導者の話に耳を傾けているだけになり，子どもの気持ちや思いは指導者へ伝わらない。

事例から，子どもたちは色水を目の前にして，早く自分で色水遊びをしたいと思うことを推測する気持ちや，子どもたちは思いおもいの色水をつくりたいと考えていることも，指導者として理解すべきことである。

A教諭は自らの指導や支援によって子どもたちを導くことを考えているのに対して，B教諭は子どもたちの思いや願いを考えながら，寄り添って活動を支えているようである。

3　さらに考え，深く学ぶために

重みのある教師の一言

子どもが注意されるべき言動を取ったときや，忘れ物などをしたとき，指導者としてどのような言葉がけをするべきだろうか。

例えば，「○○さんともあろう人が」と前置きをして指導者が説諭したとする。この言葉を耳にした当該の子どもは，どのように感じるのであろうか。先生は，自分のことをそこまで認めてくれていたのか，期待してくれていた先生の気持ちを裏切ってしまった，自分はなぜこんなことをしてしまったのかと，反省や後悔の念を持つだろう。

ところが，後になって，他の子どもにもこの前置きの言葉を使っていることや，「常套句」としていることを耳にしたり，目の当たりにしたりしたとき，この指導者に対する子どもの気持ちはどのようになるだろうか。

まず，自分だけにかけてくれた言葉だと思っていたのにと考え，次には，先生が自分を認めて期待をかけてくれた言葉だと思った自分が浅はかで，軽率だったとまで思うかもしれない。やがて思い詰めていくと，先生だけではなく大人全体や，人間全般にまで不信の念を形成し，終生忘れられない禍根を残すことにもなる。

自我の芽生えにある幼児から，思春期を迎えている子どもたちに至るまで，子どもたちの育ちは一人ひとりみな異なるが，人間として共通することは，自分を尊重し，大切にしてほしい気持ちや，自らを認めて，できれば励ましてほ

しいという心の働きを持っていることである。

　人格形成の途上にあり，人としての生き方を作る礎や，土台にあたる大切な時期にある子どもたちにとって，指導者である先生の一言は大きい。共感的理解と肯定的評価観を培い，高めていくことと同時に，人の持つ自尊感情や認知欲求から逆算したような，子どもの心をもて遊ぶように誤解される言葉がけについては，留意し，慎重に行うことが求められる。

松葉杖をついて考えたこと

　筆者が教諭として在職していたころ，子どもたちと一緒に体力づくりをするため，年間をとおして，毎朝始業前に校庭でジョギングをしていた。

　新しい学級担任として，4月末，いつもどおり子どもたちとジョギングをして，校庭を数週回ってゴールをしたときのことである。偶然，ゴールの下付近にあったこぶし大ほどの石に左足を乗り上げ，足首が曲がった瞬間に全体重がかかってしまった。「グキッ」という鈍い音がして，とっさに右足に体重を移動したが，時すでに遅しであった。

　みるみるうちに左の足首は腫れ上がり，赤い丸太のようになってしまった。その後，整形外科でレントゲン検査を受け，重い捻挫と診断された。左足首はギプスで固定され，松葉杖での生活が始まった。

　通勤に使っていた車はマニュアル車だったため，右足だけで操作できるオートマ車を手配した。届いたオートマ車は，右足だけで全く問題なく運転はできたが，乗り降りが大変だった。乗るときはドアを開けて，2本の松葉杖をついて，左足をかばいながらまず座席へ横向きに座り，方向転換をして運転席へ座るのであるが，ギプスで固定された左足は石膏で固められて思いのほか太くなっており，アクセルやブレーキの横へ移動させて置くまでに時間を要した。車の横に立て掛けておいた2本の松葉杖を車内に収納させることも，思いのほか苦労した。車を降りるときには，乗るとき以上に大変だった。

　筆者が担任をしていた学級は，3階の一番奥に教室があった。松葉杖をついて，1階の職員室から階段を一段一段上っていく。要領がわからないうちは，

両脇が痛み，筋肉痛になったが，徐々に松葉杖の操作にも慣れ，身のこなしも円滑になった。一番慎重に対処していたのは階段を降りることであった。清掃をした後，まだ水分が残っている部分では，松葉杖の先についたゴムが滑り，あっという間にバランスを崩し，転倒しそうになったことが何度かあった。足を踏み外せば，そのまま階段を落下し，再び整形外科行きとなってしまう。

その後，5月の遠足では，松葉杖をついてバスに乗り込んだ。日光東照宮境内の玉砂利に松葉杖が入り込み，倒れそうになったこともあったが，何とか引率することができた。中禅寺湖畔の土産物店の前で松葉杖をついている筆者の様子を見た店主は，すぐに店内に案内してくださり，ストーブのそばの椅子に座ることができた。しばらく店主と話をしたが，自分も以前に怪我をして，松葉杖で不便な生活をしていたことを話してくださり，双方で松葉杖をめぐる体験談などを語り合った。

担任として，それまでに骨折などで，治るまで松葉杖をついた生活を送る子どもたちに接してきたことがあったが，自分が体験をして改めてその大変さを知った。また，これまで街で車いすのマークが貼ってある身体障害者の方々の車を何気なく眺めていたが，松葉杖を持て余していた筆者は，車椅子で生活することの苦労や，これから先の時間の長さなどを考えると，なんと表現すればいいのか，言葉をなくしてしまう心地にもなった。

相手の立場に自分を置き換えて理解をするには，自らが体験や疑似体験をすることによって共感的理解について学び，考えることができる。しかし，相手と同等か，それに近い体験をすることには限界がある。疑似体験も同様に，場や機会には限りがある。

どこまで，どれくらいの共感的理解を深められるのかは，理解しようとする人の「心」に究極的には行き着くと，今の筆者は考えている。

肯定的評価観の背景にあること

日本は，狭い国土に多くの人が住み，限られた資源を創意工夫して活用するなど，人と人とのつながりや相互の助け合いなどを重んじる文化や風土がある。

また，国土には縦横に火山帯が走り，火山の噴火や台風，地震の被害も多く，自然災害のなかでともに支え合う互助の精神も国民性としてある。

　一方で，昨今は少子高齢社会の進展により，出生率は年々下がるなかで，人口を占める65歳以上の高齢者の割合は年々増加傾向にある。とくに，昭和22年生まれの団塊の世代と呼ばれる人々が最多であり，今後はこの人々が後期高齢者となるため，相互扶助の考えに基づいて存続維持されている国民皆保険制度なども危機的な状況にある。この年齢層の人々は，一言で言い換えるなら，全てが競争，競争の連続であった。義務教育の9年間は，学級数も多く，人数も多い学校編成の中で，効率重視の画一的一斉授業を受けてきた。現在の学級編成基準は，40人を標準としていたものが35人へと下げられており，少人数編成による指導も取り入れられていて，従前とは隔世の感がある。

　義務教育修了後は「金の卵」と称されて，地方に住む中学校卒業者は都市部へ集団就職をして，日本経済を支える貴重な労働力となった。高校や大学への進学に関しては，軒並み高倍率であった。大学入試では，「四当五落」という格言的な言葉もあった。4時間寝た者は合格し，5時間寝た者は不合格になるという意味で，1日あたりの学習時間を長時間確保しないと合格が困難であった。不合格となった受験生は浪人となり，都市部や地方の主要駅付近には，大学受験の予備校が林立していた。また，予備校も志望校を合格させる実績があるかないかで受験生から見極められており，有名予備校への入学も高倍率で大変な時代であった。

　さらに，一浪や二浪をして入学した大学で待ち受けていたのは「学園紛争」であった。特定の思想やイデオロギーを持つ学生が，大学の運営などに反対をし，理事長や学長との団体交渉をはじめとして，最終的には授業をボイコットした。大学構内は，教室などから持ち出された椅子や机などを積み上げてロックアウトと呼ばれる封鎖がなされ，大学へ要求を出す学生は抗議活動をしていた。大学構内に入れない学生は，授業を受けることができず，各科目のテキストの学習とレポートの提出により授業が成り立っていた。高倍率を突破して入学した大学で，このような学園紛争に巻き込まれ，気の毒の一言に尽きる。

すべてが競争，競争のなか，例えば受験勉強などでは，科目ごとに弱点の補強や克服が点数を取るために求められ，受験の参考書をもとに志望校の出題傾向にあった効率的な学習が必要になる。自らはさほど意識していなくとも，競争に打ち勝つために他の受験生の存在を意識し，他を蹴落としてでも自分は合格したいという気持ちが高まる。多くの人が，大切であり，そのとおりだと考える「肯定的評価観」が定着するまでにかなりの時間を要し，踏み切れなかった背景には，さまざまな原因や遠因がある。ここに述べた私見などを参考にして，考えていただければ幸いである。

第2章　理解度テスト

　以下の文を読んで，その記述が正しければ○，誤りであれば×をつけなさい。

□(1)　現在の教育は，従来の「欠点の指摘」「弱点の補強」の考え方から「肯定的評価観」「共感的理解」へと大きく変わっている。

□(2)　「反社会的な問題行動」とは，自傷行為や不登校，引きこもりなどであり，「非社会的な問題行動」とは，器物損壊や対教師暴力，恐喝などである。

□(3)　物事を熟考する慎重な人は優柔不断な面も持ちあわせるなど，人の性格にはよいところと悪いところの「二面性」があると言われている。

□(4)　自ら気付かなかった自分の「長所」を指導者から伝えられたとき，多くの子どもたちは「よかった」と思うと同時に，そのよさをさらに伸ばそうと思う。

□(5)　子どもに対して「教えよう」「指導しよう」と考える指導者から，「考えさせよう」「気付かせよう」とする指導者への意識改革が求められている。

コラム2
豊かな自然のなかで育まれる情操

　私が生まれ育った地には，森や林，小川や沼など，手付かずに近い状態の豊かな自然があった。

　初夏を迎えるころになると，森や林のナラやクヌギの木が生い茂るなかでカブトムシやクワガタを採集し，小川や沼では，早起きをして，終日魚釣りに興じた。また，目当ての魚や昆虫を捕獲する際には，スズメバチやヘビ，毛虫やヤブ蚊など，人に好まれることは稀な生き物にも出会い，身を守りながら森や沼などへ分け入ることが常であった。

　夏であっても蚊や毛虫に刺されないよう長袖と長ズボンで防備したが，着衣の上から刺されることもたびたびあり，獲物は得ても，家に帰った後はいくつも刺された箇所へ薬を塗ることが多かった。一番記憶に残っているのは毛虫に刺された時のことであり，皮膚がブドウの房のように連なって腫れ，数日にわたって虫捕りを父母から禁止されることもあった。

　また，魚釣りでは，生い茂る葦の続くなかを分け入って歩いた先に，釣り場である沼があった。自分の背丈よりもはるかに高い，2メートルほどの葦の下には，低湿地のためにところどころ1メートルほどの深さの水たまりのような場所もあり，足をとられて落ちないように歩くため，沼に着くまでにかなりの体力を消耗する。やっとのことで着いた沼でいよいよ釣り糸を垂らすのであるが，沼には野生の水草が繁茂し，それらを釣り竿の根元でかき分け，釣るスペースをつくる作業も必要だった。首尾よく釣り場を確保し，釣り始めた後も多難だった。釣り針を草の根元や水草に引っ掛けて，糸を切ってしまうこともたびたびあった。ウキがぴくぴく動き，その後一気に引き込まれ，これは大物かと竿を上げたところ，青や黒で覆われた1メートル以上もあるウナギのような生き物が掛かり，そばに近づいて繰り寄せてみたところ，なんとヘビであったという記憶も残っている。そのような時には，ウキなどが付いたまま，ハサミで仕掛けを切った。そのヘビは針を飲み込んだままニョロニョロと沼を泳いでいき，やがて姿が見えなくなった。海で釣りをしているとウツボが掛かることがあるが，ヘビはそれ以上に不気味な存在である。

　このような豊かな自然の光景も，昭和40年代の頃から一変してしまった。森や林は切り拓かれ，その跡には住宅が建てられた。小川や沼は埋め立てられ，田畑や住

宅へと姿を変えていった。残された小川や川は，コンクリートの護岸工事がなされ，生活排水も流入し，魚の住めなくなる用水路のようなものへと変化した。

　私が高校生になった頃から，子どもの頃に虫捕りや魚釣りをした場所は急速に変化し，数年後には以前とは全く異なる姿へ様変わりしていた。わずか数年で変わってしまった光景に，昔を懐かしむ以前に何かさみしく，茫然自失の気分になった。

　人は豊かな自然に接することを通して，幼年期に情操が育まれる。幸いにも，私はそれらの恩恵に浴することができたが，現在やこれから先の未来に生きる子どもたちは，その様子や存在すらも知らないまま成人していく。私の身の回りは，すでに自然が失われている状況にあるが，まだまだ日本には森や川など豊かな自然が存在している。少なくとも，それらの恩恵に浴した私たちは，率先して自然保護や環境保全に取り組み，次代を担う子どもたちへ，豊かな自然体験だけは保障する責務があると常々思っている。

第3章
個に応じた指導や支援とは

──────── この章で学び，考えたいこと ────────

　昨今の教育では，「個人差に応じた指導」「個別化，個性化教育」「一人ひとり
に応じた指導」など，一人ひとりの子どもに応じた考え方による指導や支援が求
められている。今までの多人数による一斉指導だけでなく，個々の子どもへの柔
軟な指導や支援により，よさや可能性を引き出す教育が背景にある。

　また，園や学校で一人ひとりの子どもへ目を向けた指導や支援が進められるな
かで，個々の子どもに手厚く手を差し伸べるあまり，子どもたちが「至れり尽く
せり」のなかで考える余地を与えない状況になるなど，課題も噴出している。

　一方，少子化で年々子どもが減るなか，園や学校での学級集団がはじめから10
名程度の少人数になることで，一人ひとりに応じた指導や支援と並行して，集団
のなかで子どもたちをいかに「切磋琢磨」させるかなどの「逆の課題」も浮上し
ている。

　この章では，まず一斉指導から個に応じた指導への歴史的な背景や根拠を学び，
次に園や学校の現実をもとに，個に応じた指導や支援のあり方を明らかにしたい。

　この章の学習を通して，今後の園全体に関わる少子化のなかでの子どもたちへ
の指導や支援の具体像，先をみた園経営を構想するなど，組織の要としての見方
や考え方も明確にしていただきたい。

●事例3

　A幼稚園は，園長の園経営の方針として，日々の園生活を通して一人ひとりの子ど
もが自らの夢や希望を育むことが示されている。20年の勤務経験のある中堅教員のA
教諭は園長の方針を理解し，園庭で思いおもいに活動をする子どもたちに寄り添い，
個々の子どもや少人数の集団で活動する子どもたちにきめ細かく指導や支援を繰り返
している。また，保護者には降園時にその日の活動を通した子どもの様子などを端的
に伝えていた。多くの保護者が子どもの成長の様子を目の当たりにするなか，一人ひ
とりの子どもに目を向けた園の方針に共感し，多くの入園希望者が出る人気ある園で
ある。

　一方，B幼稚園は，園長の園経営の方針として園の設立当時から受け継がれている，
つねに集団を主体とする指導が徹底されている。また，時折園庭で遊ぶ子どもの姿は
見られるが，指導者が寄り添って指導や支援をすることも少ないようである。歴史の
ある園で，園舎をはじめ施設や設備も老朽化するなか，最近は入園者の人数も減り続
けている。また，一部の保護者はA幼稚園を希望するなど，ますます経営が厳しい状
況が続いている。B幼稚園に20年勤務するB教諭は，色あせて薄暗い園舎のなかでわ
ずかな人数となった子どもたちを目の当たりにしながら，多くの人数で活気のあった
ころのことをしみじみと思い出すことも増えている昨今である。

1　「個に応じた指導」の背景を考える

　日本は300年ほど続いた江戸時代の幕藩体制が終わり，1868年に明治維新を
迎えるなかで，欧米諸国に比べて産業も教育も大幅に遅れ，近代化は国家とし
ての最大の課題であった。この状況を改善，克服するために，明治政府は「欧
米に追いつき，追い越せ」を旗印に「富国強兵」と「殖産興業」の二大政策を
国策とした。これらの二つの国策を達成するうえで基盤となることは，「教育」
である。

　この当時の教育は，多人数による一斉指導がなされていた。指導者が多くの
子どもへ同じことを一斉に教えることによって，子どもたちは数多くの知識を
一律に画一的ななかで覚えることができるなど，効率がよいためであった。

その後，時は流れ日本は1960年代後半から戦後の高度経済成長を遂げ，現在の先進国の道を歩んでいる。教育はこれらの日本の繁栄に伴って，時代の流れや要請を受けて変革の道を歩んでいる。従来の多人数による一斉画一型の指導から，現在は一人ひとりの子どもに着目した指導や支援へと転換している。

この節の学習では，なぜ今「個に応じた指導」が求められているのかを考え，現状や課題のなかから，中堅教員として今後の子どもたちへの指導や支援に生かしていただきたい。

「集団」と「個」への指導

園や学校の指導のなかで，いつも指導者が学級全体の子どもへ指導をしているだけという状況を想像していただきたい。どのような光景を思い浮かべることができるであろうか。子どもたちは指導者が教えることに耳を傾け，指示に従って黙々と活動することや学ぶことを続け，指導者は説明や解説を次々に一方的に進める。一見すると効率はよさそうであるが，何かおかしい，変だと感じるのではなかろうか。

例えば，指導者が教えることを聞いている子どもたちは，その内容がわかっているのだろうか。さらに，教えていることに対する答えにあたることをどのような言葉で答えるのであろうか。指導者が説明や解説をして一方的に教えているなかでは，子どもがわかっているのかどうかや答えすら確かめることはできない。

一人ひとりが集まって集団はできていることや，集団を構成するのは一人ひとりの個であることは言うまでもないことである。いつも集団だけでよいのか。一人ひとりの個がいることを忘れてはいけない。

「個に応じた指導」とは何か

「個に応じた指導」の意味を考えたい。「個」とは，個人や一人ひとりの意味であり，一人ひとりに応じた指導ということになる。次に，一人ひとりに応じた指導であるとするなら，一人ひとりの「何に」応じるのかということが問わ

れてくる。ただ単に多人数を意味する集団に対する，個人や，一人ひとりという意味だけではない。

また，「応じる」という言葉の意味も考えたい。別の言葉で言い換えるなら，対応した，合ったなどの言葉が思い浮かぶであろう。さまざまな子どもたちの持つ「何か」に合った指導ということになる。

ここまで意味を考えれば，「個に応じた指導」は「個別指導」とは意味合いが異なることがわかる。「個別指導」は集団から取り出した個人や個人向けの指導という大枠で示される言葉であり，個の何に応じるのかまで問われる「個に応じた指導」とは異なる。

園や学校での子どもたちへの指導や支援の場面では，「個に応じた指導」と「個別指導」の持つ意味を確認し，単に一斉指導から一人ひとりの指導や支援に移行させるのなら「個別指導」，それぞれの個が持つ「何か」に合った指導や支援をするのなら「個に応じた指導」となる。

また，「個人差に応じた指導」についても，「個に応じた指導」と同様に，「個人差」の何に応じるのか，何が個人差にあたるのかを明確にしたうえでの指導や支援がなされなければならない。

一人ひとりのよさや可能性を引き出す

子どもたち一人ひとりが持つ，よさや可能性とは一体何なのだろうか。「あの子はいつもニコニコしていて気立てがよい」「素直で穏やかだ」など，指導者として子どもたちの様子や言葉づかい，行動などから感じるよさのことなのだろうか。もちろん，これらも子どもたちの持つよさではあるが，指導者としての主観によるものが大きく，客観的でないため，「見かけのよさ」や「あるがままのよさ」と言われている。印象や感想でよさを言い当てている面などもある。

それでは，見かけや，あるがままでないよさとは，どのようなものなのだろうか。園や学校で，子どもたちへの指導や支援がなされる場面で考えていただきたい。

　園での活動を考えてみよう。子どもたちは思いおもいの活動を園舎や園庭で繰り広げている。指導者はそれらの活動に寄り添いながら，個々の子どもの活動を見取りながら，時には活動が広がるよう声をかけることや，新たな活動へ発展できるような気付きを促すなど，さまざまな指導や支援を行っている。

　指導者が子どもの活動の様子を見取りながら，たとえば声掛けや支援を行ったとすれば，それらに呼応して子どもは応答や反応を示す。指導者はこの応答や反応に対して，また言葉を返すことや反応を見守ることになり，子どもとのやり取りは続いていく。こうした活動をとおした子どもとのやり取りから，指導者は子どものよさを見出すことができる。

　子どもたちの可能性についても同様で，園や学校でなされている指導や支援をとおして指導者の目で見極め，よさと同時に見出すこととなる。さらに，子どもたちのよさや可能性は，指導者の指導や支援により見出されるだけではなく，引き出されなければならない。指導や支援にあたっては，子どもたちにさまざまな活動の場や機会がなければ，よさや可能性を見出すことも引き出すことも難しい。一方的に指導者が指示し，説明した後に準備された活動のなかで黙々と目当てのない活動に子どもたちが終始するなかでは，さらに困難となる。

　教育の語源にあたる educate に「引き出す」という意味があることは，広く知られていることである。中堅教員として，今後の実践をとおして子どもたちの活動から「見取る」力量を高め，その後の子どもとやり取りから，見かけやあるがままでない，真のよさや可能性を引き出すことに努めていただきたい。

「個に応じた指導」と「一斉指導」

　園や学校では，つねに「個に応じた指導」だけをしなければならないのであろうか。今後，限りなく少子化の状態が続いたとしても，園や学校では一定数の子どもは入園，入学することや統廃合により複数の人数は確保され，多人数による教育は継続されるであろう。

　多人数への一斉指導は，明治時代の学制が公布されて以来，現在に至るまで連綿として続いている日本固有の歴史ある学習集団に対する指導方法である。

時代とともに実践を通してさまざまな教え方や学び方が考案され，現在の世界に類をみない日本の高い教育水準を保持する原動力になっている。

このことから，園や学校の教育のなかでは一斉指導による教育で培った教え方や学び方を生かしながら，一人ひとりに応じた指導や支援をするという考え方が基本にある。また，園や学校の実践のなかでは，多人数への一斉指導と，一人ひとりに応じた指導や支援をすることがなされている。一斉指導により学んだ後，子どもたちは学んだことに対して，理解できないことや疑問に思うことなどのさまざまなことを考える。ここで，指導者が一人ひとりに応じた指導や支援をすれば，個々の子どもの疑問や考えに応じた指導や支援が可能となる。

「個に応じた指導」の課題や留意点

園や学校の教育のなかで「個に応じた指導」が進められるなか，ここで課題や留意点について考えたい。

子どもの人数が少なくなって，一人ひとりの子どもに目が行き届くという指導者の声をしばしば耳にする。そのとおりである。しかし，実際にこれら指導者の実践では，少ない人数の子どもにベッタリと張りつき，手取り足取りで行われる指導が目につく。子どもに問いを発しながら，なかなか応答のない子どもへ待ちきれずにヒントを与え，挙げ句の果てには正解を意図的に選択させるなどである。このことは何が問題なのだろうか。考えなくても済むことや，待っていれば答えを教えてくれることを学ぶことになる。子どもたちは思考を停止させ，待っていればヒントや答えまで教えてもらえるなか，黙々と受け身の学習を重ねる結果となる。

なぜ，このようなことが起こるのであろうか。多人数に対する一斉指導の考え方のまま，少人数指導や「個に応じた指導」を進めているようである。学習や活動は，ねらいがあってなされる。多人数や少人数にかかわらず，ねらいはある。少人数のよさは一人ひとりの子どもへきめ細かな指導ができることであるが，その理由の一つに，指導者が個々の子どもの目標を把握して，指導や支援ができることがある。

　指導者は，少人数指導や「個に応じた指導」を計画するとき，学習や活動の目標などを考え，一斉指導のよさも考慮しながら構想することが大切である。

2　事例3より：「個に応じた指導」を考える

　現在，少子化の時代を迎え年々入園者人数は減っているなか，一部の園では入園者数の減少により経営が成り立たず閉園する動きがある。また，その一方でこの事例に登場するＡ幼稚園のように，入園希望者数が多い人気のある園も存在する。

　事例のＡ幼稚園では，「一人ひとりの子どもが夢や希望を育むことができるような日々の園生活」を園経営の方針としている。一人ひとりに目を向けていることがわかる。この方針を保護者はどのように受け止めているのだろうか。言葉だけではなく，その日の子どもの様子などを指導者から保護者へ伝えることなどをとおして，方針を具現化している園へ信頼を寄せている様子が伝わってくる。

　毎年子どもたちを受け入れている園にとっては新たな年度が始まるなか，これからわが子を入園させて園の教育を受ける子どもたちの保護者にとっては，日々自らの子どもがどのように園で生活をしているのか関心があると同時に，不安もある。また，日々成長する子どもの様子を楽しみにして期待もしている。

　この節では，事例3に登場するＡ幼稚園とＢ幼稚園の経営方針の違いや保護者の言動から，園に対してどのような思いや願いを持っているのかを追う。次に，少子化のなかで園はどのような指導や支援をしていくことがよいのか，中堅教員の立場でこれから先を考えていただきたい。

Ａ幼稚園の経営方針
　教育には「不易」と「流行」という二面がある。「不易」とは連綿として変わらないことであり，「流行」とは時代とともに変わるものを意味する。松尾芭蕉の俳諧用語である。

A幼稚園は，「不易」と「流行」の二面からみたときに，一人ひとりの子ど
もを大切にするという教育の面では，連綿として続く「不易」の面をふまえて
いる。また，少子化のなか，保護者は一人ひとりの子どもによりきめ細かな養
育をし，おのずとわが子への期待や関心を高めている。少子化という時代とと
もに変わってきた「流行」もふまえて，柔軟に方針を立てられている様子がわ
かる。

　また，園の経営方針に示される「一人ひとりの子どもが自らの夢や希望を育
むこと」については，一見すると幅広いように思えるが，日々の子どもたちの
活動を通して自らの夢や希望を育むことから，指導者によって異なるさまざま
な構想や実践が，子どもたちへ伸びやかになされるというよさを持っているよ
うである。この園に勤務する指導者は，自らの創意，工夫などを生かしながら，
思い思いに子どもたちの教育に取り組むことができる環境にあるように感じら
れる。

　中堅教員のA教諭は，園長の方針を理解して子どもたちへきめ細かな指導や
支援を繰り返しており，周囲で指導や支援をする他の指導者への影響力も大き
な面がみられる。読者のみなさんならば，ここでどのような指導や支援を構想
するのであろうか。筆者なら，幅広い方針のよさを生かして，子どもたちに伸
び伸びとした活動を通して夢や希望を育めるよう，さまざまな活動を試行錯誤
のもとに実践するであろう。やがて，数多くの実践のなかから子どもたちの夢
や希望を育むことができる，実態に合った活動が見出せると考えるからである。

A幼稚園の人気の秘密とは

　園に勤務する指導者にとっては，子どもは多人数のなかの一人でもあり，一
人ひとりによって多人数が構成されていると考える。保護者も同様な考え方を
持っているのだろうか。保護者にとってはわが子が中心であり，園の集団のな
かにわが子はいると考えており，主体は自分の子どもという考え方を持ってい
る。さらに，少子化のなかでわが子に接する時間も多く，「至れり尽くせり」
の養育をしている保護者もみられる時代である。指導者として，時には相手の

立場に自分を置き換えて考えることにより，相手の思いや願いが理解できることもある。

　A幼稚園で降園時に行われているような，保護者へ一日の子どもたちの様子を伝えることは，多くの園で日常的に行われていることではあるが，それはA幼稚園ほどのきめ細かさを持つものであろうか。体調不良や排泄の失敗などの特別な配慮を要するときに，子どもたちの様子を伝えている場合が多いのではないだろうか。

　なぜ，A幼稚園では保護者へきめ細かな子どもの様子が指導者から伝えられているのだろうか。その背景には，「一人ひとりに応じた指導」がなされていることがある。指導者が活動などをとおして，一人ひとりの子どもへ指導や支援をしていることから，保護者へ日々の子どもたちの様子を伝えることを可能にしている面がある。また，指導や支援をした結果や様子を，端的に保護者へ伝えている。降園時の慌ただしいなかであっても，手短な言葉で伝えている様子もわかる。「とてもそんな時間的な余裕はないから，無理だ」という考え方から，少々発想や意識を変え，「どこまでできるかわからないが，とにかくできる限り一人でも多くの保護者へ伝えてみよう」という初めの一歩が踏み出せるかどうかが問われる。

A幼稚園を支える保護者の存在

　一日のわが子の園での様子を毎日欠かさずに，たとえ短時間であっても伝える指導者に対し，保護者はどのような思いを持つのであろうか。まず，自分の子どもは大切にされていると感じるはずである。また，慌ただしいなかでの手短な言葉を指導者から伝えられるなかで，保護者は感謝を表す言葉や嬉しい表情などを伝えてくれるはずである。この少しのやり取りが相互のコミュニケーションを生み，理解を深め，信頼関係を築いていることを忘れてはならない。

　また，昨今の保護者は携帯電話のメールなどで頻繁にやり取りをし，同年代の保護者同士で日々の情報交換を瞬時に行っている。手短に最新の情報を交換している保護者にとって，園からの端的な子どもに関する情報を得ることは，

まさに歓迎されることである。一人ひとりの子どもに向けた園のよい評判は，たちまち保護者から多くの人々へ伝わり，結果として入園希望者の増加につながる結果となるようである。

B幼稚園を考える

　B幼稚園が歴史と伝統のある幼児教育を続けてきた園であることは，事例から伝わってくる。入園する子どもの人数が多かった時代には，多人数に対する一斉指導による教育で園の経営も成り立ったが，現在は少子化の時代を迎え，保護者の園に望む教育や子どもに身に付けさせたいことは一律ではなく，多様化している現状がある。

　集団を主体とするB幼稚園の指導は，世の中の移り変わりに対して硬直化している面や，わが子のよさや可能性を引き出すことを園の教育に望んでいる保護者にとっては物足りなく受け止められる面がある。

　また，園庭での子どもたちの思い思いの活動についても，それぞれの遊びとして考え，指導者が指導や支援をする様子もないようである。この遊びや活動こそ，子どもたちの一人ひとりに応じた指導や支援から，さまざまなよさなどを引き出す場や機会がある。これらのことを逃している面がある。

　園として確たる方針が示されていることはわかるが，現代の園での教育や時流を考慮したうえで，柔軟に対応をすることが大切であろう。保護者はすでにB幼稚園から別の園に関心を寄せている現状を謙虚に受け止め，新たな構想に立った園経営が求められる。一度子どもが離れてしまった園には，なかなか子どもは集まらなくなり，人に活用されなくなった園舎や施設，設備は，短期間のうちに傷みが激しくなり，老朽化をさらに速める結果となる。薄暗く，老朽化した園舎のなかで，子どもたちの教育を受けさせたいと考える保護者がいるのだろうか。ますます経営が厳しさを増すB幼稚園の姿がそこにあるように感じる。

3　さらに考え，深く学ぶために

いつもみんなで楽しく活動した幼稚園時代

　昭和30年代，筆者は自宅から歩いて15分ほどのところにある停留所まで行き，路線バスで市内にある公立幼稚園へ通園していた。登園すると，組ごとに担任の先生がオルガンを弾きながら，一人ひとりとやりとりすることから始まった。先生は，一人ひとりの名前をオルガンのリズムに合わせて歌いながら全員へ聞かせると，名前を呼ばれた子どもは「ここです，ここです。ここにいます」と歌いながら返答するという具合であった。

　今にして思えば出席確認なのであろうが，朝からミュージカルのような曲の流れの中で，担任の先生は一人ひとりの返答の歌声を聞いて，健康状態やその日の子どもの心のありさまを瞬時に判断していたことがわかる。

　ニコニコして笑顔を絶やさず，オルガンを弾きながら，個々の子どもの声や様子を見取り，全員の健康観察が終わると，次はさまざまな活動が待っていた。お遊戯，歌，工作，園庭での遊びなどがあったように記憶している。

　筆者が一番楽しかったのは，園の外での活動であった。園からしばらく歩くと，川沿いに松林があった。みんなで松林に入り，下に落ちている松ぼっくりを拾うと，松ぼっくりの歌を先生が歌い始めた。やがて，松ぼっくりを手に持ちながら，全員で「松ぼっくりがあったとさー」と歌った。秋の柔らかな日差しの中で，みんなで楽しく過ごしたときのことは，今でも鮮明に覚えている。

　いつも学級単位で活動しており，誰が何が上手なのかが把握できるため，手伝ってもらったり，教えてもらったりすることも，お互いに自然にできた。園の西側には，堀を隔てて保育園があり，時々幼稚園に向けて物が投げ込まれることもあった。そのようなときには，みんなで協力して投げられた物を投げ返した。騒然としているなかで，担任の先生から「やられたからといって，やり返すのはよくないよ」と，そのたびに教え諭されたが，卒園するまでたびたびこの攻防はあった。

やがて，いつも一緒だった幼稚園の同級生とも別れて，筆者は地元にある小学校に入学した。見知らぬ同級生ばかりであったが，すぐに級友もでき，再び楽しい日々の学校生活を送ることができた。担任の先生が教えてくださる各教科の45分の授業も，何のためらいもなく受け，幼稚園での時間ごとの活動に慣れていた筆者は，小学校での新しい生活にもすぐに馴染むことができた。

園は学びの宝庫

　筆者は市や県の指導主事を経て，全校数576人の小学校へ校長として着任した。１学年が３学級の標準的な適正規模の学校で，保護者の教育への関心が高いだけでなく，区長や，民生・児童委員など，地域が一丸となって学校を支援してくださる，抜群の教育環境に恵まれた学校であった。

　校長として，地域の負託に応えるためにも，子どもたちの持つ力を引き出すことを念頭に，学校経営の方針として「授業改善」を掲げた。また，次代を見据えた人材育成も視野に入れ，新任の先生を年度ごとに複数受け入れる希望を市教委へ申し出て，受理された。

　いの一番に筆者が企画したことは，学区内にある私立幼稚園へお願いをして，新任の先生方に，１日じっくりと実習生となって学んできてもらうことであった。この私立幼稚園の園長先生は，筆者の着任した学校の学校評議員を，前任の校長先生の頃から長年にわたって務めていただいている方であった。筆者は，新任の先生方の実習の目的や狙いをお伝えするなかで，とくに一人ひとりの幼児に対する指導者の見取りについて，こうした指導や，支援について実地で学ばせたいことを強調した。園長先生は，趣旨や目的に耳を傾けて，受け入れ日や日程等をはじめとして快諾された。

　２人の新任の先生は，週を異にして，１日単位で実習生として幼稚園で学ぶことができた。これらの実習が終わり，筆者は新任の先生方へ，放課後の数時間，感想や成果等について尋ねる場を設けた。開口一番に出てきた言葉は，「初めから一人ひとりに応じた活動場面が連続するなかで，先生方による園児一人ひとりに応じた言葉がけや支援が，実に見事に適切に行われていた」とい

うことであった。また，ボキャブラリーが少なく，自らの思いや願いを相手に伝える力も育っていない幼児に対して，わずかな言葉や表情，仕草から，その子どもの気持ちを読み取り，見取っていることについても，学びとして大きな成果だったと語っていた。園庭で思い思いの活動をする子どもたちを見守りながら，先生は一人で活動する子どもには腰をかがめて，自らの目線と子どもの目線を合わせていることや，砂場で多人数で活動する子どもに対しては，その活動の中にすぐに加わり，一人ひとりに声掛けをして，「すごいね」「いいね」などと賞賛の言葉をかけていたことにも注目していた。

　また，園内の壁面構成などについては，新任の先生方は認識を新たにした点として，自分たちは壁の平面の世界にとどまっていたが，幼稚園では立体にすることで，子どもたちの夢や希望を育む工夫がなされており，新たな発見のもと，すぐに掲示物の立体化を進めたいと話していた。筆者は，これらの一つひとつの言葉に頷きながら，実りのある幼稚園での実習に感謝するばかりであった。

調和のある保育や教育

　人口の少ない山間部や島嶼部の学校では，従前より少人数編成による授業や，学習活動が連綿として継続されている。異なる学年の子どもたちを，一人の先生が学年の学習内容などに応じて，日々，授業や支援にあたる「複式学級」も存在する。これらの学校では，つねに個で学ぶ場や機会の多くなりがちな子どもたちに対して，異なる学年の子どもたちと学びあうことや，集団を作り上げる活動などを積極的に取り入れている。

　子どもたちは，生涯を通して学校で学び続けるのではなく，やがて卒業して，社会と言う大海へ船出することになる。大海へ出れば，順風満帆なときだけではなく，荒波や大波に揉まれ，転覆の危機にさらされることさえある。これから先の社会がどのように変質したとしても，人間は人と人との間に生きる存在である。つねに「お一人様」で生きていくことは難しい。

　園や学校の存在理由を考えたとき，園児や児童生徒数の多い・少ないはあっ

たとしても，同じ年齢の子どもたちが就園，就学していることや，個としての教育とともに，集団としての教育についても着目することが求められる。

　園では，幼児の発達段階を考慮し，20人編成による3歳児保育がなされている。そのなかで，活動や日々の生活のなかで起こる幼児同士の言い争いやトラブルなどを捉えて，双方の言い分などにしっかりと耳を傾け，寄り添いながら和解させている指導者は数多く，園訪問の折，筆者も参観させていただいた。

　また，思い思いに活動する幼児を見守りながら，指導者はやがて似たような活動をしている幼児に声をかけて数人のグループへとまとめ，幼児同士の言葉によるやりとりや，互いに見合う場面なども次々につくっている様子もたびたび参観してきた。

　学校訪問では，40人編成の学級で，はじめは先生からこの時間の学習目標などが全員へ知らされ，何人かの子どもとのやりとりをとおして全員に確認をされた後，個やグループでの話し合いを主題とする学習が進められていた。学習内容により，机や椅子を寄せあってグループが編成されていても，一人ひとりで考えてまとめるときもあった。

　グループで一人ひとりの考えや意見をまとめるときなどは，柔軟に活動がなされ，学習のまとめの段階では，グループごとのまとめに全員が耳を傾け，質疑等を交えた後，先生がはじめに確認をしたこの時間の学習目標と対比させて子どもたちへ学びを考えさせ，まとめとする学習の流れを参観することが多かった。一斉学習と，個別やグループによる学習を，1時間の授業の中で取り入れていることがわかる。

　これから先，少子化傾向はさらに進むことが予測され，一人ひとりの子どもへタブレット端末を常備させるなど，ITの進展やCAIと呼ばれるコンピューターが支援する教育も加速される。そんななか，園や学校は一人ひとりや個に応じた教育と，集団による教育の双方へ目を向け，それらの「調和」が求められる時代となっている。

....

以下の文を読んで，その記述が正しければ○，誤りであれば×をつけなさい。

□(1)　現代の教育は，一斉指導だけでなく，「個に応じた指導」「一人ひとりに対応した指導」など，一人ひとりの子どもへ向けた指導が行われている。

□(2)　日本の近代化のなかで，明治政府は「富国強兵」「殖産興業」を政策に掲げ，「欧米に追いつき，追い越せ」を旗印にするなか，教育に基盤を置いた。

□(3)「個人差に応じた指導」や「個に応じた指導」では，個人差や個の何に応じるのかを明らかにして，指導や支援を構想する必要がある。

□(4)　園の教育方針は，時代の流れや保護者の思いや願いなどを見極めることなく，独自性を持った確固たる園の考えを貫くものでなければならない。

□(5)　少子化時代を迎え，人数の少なくなったよさを生かして子どもたちに「至れり尽くせり」となっているなかで，考える場や機会もない指導や支援をすべきである。

コラム3
奥羽本線のスイッチバックの光景

　1970年代の夏，私は友人と共に上野発東北一周の周遊券を手に旅に出た。

　6800円で買い求めたこの周遊券は，特急には使えなかったが，急行には利用可能であるうえに，途中駅での下車が自由にできた。青森までの周遊コースで，鉄道利用の旅程や宿泊地も決めた計画を立てて旅に出た。

　行きはできる限り各停で乗り継いだ。停車する駅で，駅のホームのたたずまいや駅舎，乗り込む人びとなどが醸し出す風情をできる限り味わいたいと考えたためである。また，本線から分岐する支線や，接続する私鉄のさまざまな車両をみることもでき，鉄道の趣味のある私にとっては至福の時となった。

　1970年代は，日本が高度成長を続けるなかで，大気汚染，水質汚濁などの公害が起こるほか，国鉄（日本国有鉄道）の民営化など，社会変革が進む時代でもあった。鉄道に着目すると，今まで走っていた蒸気機関車（SL）が電化によって次々と姿を消していく，そんな時代でもあった。

　上野から東北本線を乗り継いでいき，ゆったりと，ゆとりのあるなかで郡山を通り，盛岡までたどり着いたあと，一泊の宿をとる。翌日は盛岡で途中下車し，小岩井農場を訪れた後，秋田へ向けて列車を乗り継いだ。地方の鉄路であり，利用客も少ないなか，1時間に1〜2本の列車にやっとのことで乗車した。

　乗車した列車は，電気機関車が10両の客車を引く編成のものであった。客車は木造で，ボックスシートの背もたれは少々すり減り，手すりや窓枠にも茶色の木材が使われていた。白い天井には丸い電燈があり，乗車口の壁には路線案内の地図が設置されていた。木製の床は黒光りし，油のような独特な香りがして，客車旅の情趣をより高めていた。1両あたり100人ほど収容できる車両に10人程度の乗客しかいないなか，ゆったりとした気分で，時間もそれに相応するかのように流れていた。

　やがて夕刻を迎えるころ，列車は駅でもないところで止まり，そして進行方向とは逆の方向へ走り出す。なにが起こったのかわからなかった私は，車窓へ目をやると，いったん逆方向へ進んだ電車はまた元のように前へ進んでいた。やがて，列車は行ったり戻ったりを繰り返すうちに，峠を越えていることがわかった。スイッチバックという方法で，急な坂を越える場所であることがわかった。

　ジグザグに敷かれた線路をゆっくりと進んでは，また戻るということを繰り返す

なか，夏の峠の夕暮れが迫り，周囲ではアブラゼミが鳴き，時々ヒグラシのカナカ
ナという鳴き声も聞こえてきた。周囲は鉄道の線路を覆うように木々が生い茂って
おり，よりいっそう峠の夕暮れを早めているような光景であった。

　車窓の光景を眺めながら，私は時間が止まってしまったような気分になった。線
路を往復する列車の車輪の音，開いた車窓から流れ込む生暖かい空気や木立の香り
などは，今でも鮮明に記憶に刻まれている。

　人には，あの日あの時の忘れ得ぬ光景があり，それらはいつまでも，つい昨日の
ことのように思い起こされるものである。その光景が鮮明であればあるほど記憶に
残るとも言えるが，楽しかったことや心地よかったことは，刹那の出来事であった
としても，より心の中に残るように思えてならない。奥羽線のあの夏の夕刻の光景
は，そのことを気付かせてくれた。

　よき体験は，生きるうえで夢や希望のような大きな原動力になり得るのだと，私
は確信しているのである。

第4章
教師という職務

---------------- この章で学び，考えたいこと ----------------

　昨今の園や学校などの教育現場は，年を追うごとに職務全般の忙しさが増している。特別に配慮を要する子どもや保護者への対応，分掌主任としての仕事，外部団体への対応，教育関連の出張など，勤務時間のなかで一人ひとりの指導者が慌ただしく活動をしている。

　そのようななかで，新たに園や学校の指導者となった新任の人たちにとって，職業として教師を選択したが，いざその職に就くと自らが思い描いていた子どもの姿や学校と現実がかけ離れていることに失望したり，一部では1学期が終わった夏休み前後に園や学校を辞めたりといったことも起こっている。

　一方，中堅教員にとっても，子どもや保護者の対応を巡ってなかなか改善されない状況に心身ともに疲れ果てた結果，精神的な疾患や慢性病に悩まされ，長期間にわたる病気休暇を取得する人々も増えている。今までの職務のなかで自ら培ってきた指導法や考え方が通用しない現状にも，行き詰まりがみられる。

　この章の学習では，現実に学校で起こっていることから，教師の仕事とは何かを考える。また，中堅教員として，今現在の園や学校での職務を事例などとの対比を通して理解し，今後の園や学校での自らのあるべき姿や目標などを具体的に構想していただきたい。経営を構想するなど，組織の要としての見方や考え方も明確にしていただきたい。

●事例4────────────────────────────

　Ａ教諭は，子どものころからの夢であった「幼稚園の先生」になり，４月から市内の幼稚園での勤務が始まった。幼稚園での教育実習をとおして，仕事は忙しく休む間もないことを体験しているうえに，学生ボランティアの経験によって幼児の世話をすることの大変さについても理解しており，着任した園でも積極的に職務をこなし，充実した日々を送っているようにみえた。

　やがて３か月が過ぎたころ，朝起きたときに急に激しい頭痛とめまいに襲われ，それでも無理をして立ち上がったところ，急にふらつき，近くにあったガラス戸にぶつかり転倒した。大きな物音に気付いた家族が駆け寄ると，腕から激しく出血をしており，救急車を要請し病院へ搬送後，10針を縫合する裂傷という事態となった。激しい頭痛とめまいが続いていたため，そのまま入院となる。翌日になっても同様の症状が続くため，MRI 等の検査を受けたところ，度重なるストレスと疲労により，脳に障害が起きていることが医師の診断結果として出され，長期入院が告げられた。

　夢や希望を持って就いた幼稚園の先生。本人は，見舞いに来た園長に対し，堰を切ったように，今まで幼児や保護者の対応を巡って相談する相手もいないなか，ずっと自分なりに我慢をしながら対応してきたことを涙ながらに切々と語るのであった。

────────────────────────────

1　教師の仕事は大変

　物を製造する仕事は，均一の形状や風袋の物を，流れ作業のなかで自分が分担している工程を手際よく，落ち度のないように進め，次の工程に流す作業が主流をなしている。それぞれの工程に携わる人は，同じ作業を繰り返すなかで習熟し，速く，正確に，工程の一部分としての作業をこなすことができるようになる。

　一方，教育は物を製造する仕事とどのように違うのであろうか。物を相手にする仕事と人間を相手にする仕事という点が，最も大きな違いであろう。このことがわかると，次々に具体的な違いが明らかになるであろう。流れ作業のラインを流れる製造途上の物は形状などが均一であるのに対して，生きている人

間は「十人十色」と言われるように一人ひとりがみな違うだけでなく，日々の言動も「千差万別」でみなそれぞれである。

　また，教育は物の製造のように繰り返してさえいれば習熟し，速さ，正確さが増していくのであろうか。少なくとも，教師がただ漫然と場数を踏んで経験を積み重ねているだけでは，習熟は困難ではなかろうか。また，求められるのは速さや正確さなど，人の目に見えるものだけに留まるのであろうか。見えないものや，ある教師にしか見えないものもあるようである。この節では，これらのことに触れながら，教師の仕事について考えていきたい。

本質的な大変さを考える

　園や学校では，子どもへの指導や支援だけでなく，保護者への対応，分掌の仕事，研修，出張など数多くの仕事があり，それらの職務を日々着実に遂行していかなければならない。

　ここでは，個々にある数多くの仕事を種類や数によって考えることから視点を変え，子どもへの指導や支援をもとに仕事の本質にせまりながら，なぜ大変なのかを考えたい。

　端的にわかりやすく考えることができるよう，物の製造や管理と子どもへの指導や支援を比較したが，「十人十色」「千差万別」の熟語で表現されるのが人間の持つ多様性であり，一斉一律に対応することができないところである。さらに，年齢が低くなればなるほど，子どもが今何を考えているのかを理解，把握することは難しい。3歳児を想像すればわかることである。話すための言葉の数は少なく，家庭環境などによる幼児言葉も残るなか，指導者はわずかな表情の変化や態度から子どもの意思などを読み取らなければならない。少子化のために少人数編成での指導や支援ができるようになっているとはいえ，言葉による意思の疎通が未分化で発達途上にある子どもたちに対応する指導者が行う指導や支援は大変である。指導や支援の途上では，子どもたちの表情や態度などを見取りながら，伝えていることがわかっているのか，活動を次へ進めてよいかなどを判断しながら取り組んでいる。

ある程度の語彙があって文字を書くことや会話もできる小学生の子どもと異なり，自分の思いや願いをわずかな言葉による会話や表情，態度で表す幼児への指導や支援は，まさに専門職としての幼稚園教諭の腕の見せ所でもあり，真骨頂でもある。また，これらのことが本質的な大変さの一つとも言えよう。

目に見える大変さを考える

　子どもの発達は，早熟や晩熟などの言葉で言い表される違いや，日常会話で使える言葉の数，動作や表情の豊かさなどの違いにいたるまで，千差万別の状態にある。また，入園前の家庭で保護者などによる養育が子どもたちの言動や思慮分別などにも反映されており，さまざまな多様性のある子どもたちへの指導や支援が求められている。

　多人数の子どもたちに対する一斉指導や，思いおもいの活動をする子どもへの個に応じた指導や支援など，指導者として目まぐるしく，まさにくるくると東奔西走する姿からだけでも，それらの仕事量や忙しさがわかる。これだけに専念していればよいのだろうか。子どもたちへの指導や支援を主たる業務とするなら，その他の業務もあることがわかる。

　子どもたちが活動をすれば，すべてが円滑にいくわけではない。自我の芽生えや発達が未分化で，まだまだ自分が中心となりがちな幼児期の子どもたちである。活動の途中での言い争い，遊具の取り合い，喧嘩に至るまで，一日の活動のなかでさまざまな「もめ事」が発生する。この際にも，指導者が子どもたちへの対応にあたる。もめ事を起こした子ども双方の言い分を聞いて，原因を考えさせながら，最後には両者が納得のうえで和解をさせるなど，きめ細かな対応にあたる。頭ごなしに双方を叱責し，理由も聞かずに喧嘩両成敗の後，無理やり詫びの言葉や握手をさせるなどの手荒な対処とは一線を画する対応である。子どもたちの活動はねらいを持った学習の場であり，学習の途上で起こった出来事は，それ自体が子どもたちの学びの場という考え方が大切である。

　また，子どもたちの排泄の失敗に対する指導者のきめ細かさや，迅速な対応なども求められる。多くの子どもたちは大小を問わず排泄に失敗したとき，な

かなかすぐには指導者に伝えられず，濡れた床や異臭により失敗の発覚に至る場合が多いようである。また，失敗後の指導者としての対応にも配慮を要する面がある。周囲の子どもたちに知られないように本人を別室へ連れていくことや，迅速な後始末など，排泄を失敗した子どもが傷つくことなどがないよう，その場の状況に応じた適切な対応が指導者に求められる。

　大変さの一部を具体的に列挙したが，子どもたちの発達段階に応じて園や学校でのさまざまな配慮が求められるなか，園での目にみえる仕事の多さや大変さは，使命感や専門性を持った指導者によって支えられていると言える。

保護者に対する大変さを考える

　昨今は，園や学校が保護者の対応に苦慮する事態が全国的に多数起こっている。その背景や原因は一律でなく，それぞれの状況や実態に応じて適切に対応することとなる。

　ある園では，保護者が子どもの降園時刻になってもなかなか迎えに来ないうえに，遅れることが常習的になされていた。非常に愛想のよい保護者で，遅れて迎えに来ると「ご迷惑をおかけして，本当に申し訳ありません」と平身低頭してしきりに詫びる。保護者のその姿を前にして対応した職員は，今回だけは仕方がないと許容したところ，迎えの遅れが度重なったうえに常態化するようになってしまった。ある日，別の保護者から子どもの迎えが遅れる保護者に関する情報が学級担任の耳に入る。情報によれば，その保護者はパートの仕事を降園時刻までやっており，その後に買い物まで済ませているとのこと。この情報を聞いて，園の担任は翌日も遅れて迎えに来た保護者を別室に招き事情を聞いたところ，平然と「園では先生方が遅くまでいるので，うちの子一人くらい預かってもらってもいいでしょう」と申し出た。担任は，子どもを遅くまで預かる施設の紹介なども含めて，保護者へ遅れることなく迎えに来ることをお願いしたところ，徐々に改善されたとのことであった。みなさんは，この実例について何に問題があると考えるだろうか。

2 事例4より：組織のあり方を考える

　事例4に登場する新任のＡ教諭は，仕事のやり過ぎが原因で長期入院を余儀なくされたのであろうか。また，後になって園長が本人を見舞いにいってわかった，子どもと保護者対応に追われていた実態から，何でも一人で解決しようとした結果，病気になるなどの「自爆」をしたと考えてよいのであろうか。

　また，長期入院をした新任のＡ教諭は，病状から精神疾患も疑われる。なぜここまで心身を深刻な状況に追い込んでいたのか。また，園長や周囲の先生は，Ａ教諭のことをどこまで見守っていたのだろうか。

　この節では，事例に登場するＡ教諭を中心に教師の仕事や組織としてのあり方について考え，今後の中堅教員としての職場での役割やあるべき姿を自分自身で明らかにしていただきたい。

Ａ教諭から判断の「落とし穴」を考える

　だれしも，事例に登場するＡ教諭が，まさかこんなに心身ともに深刻な状態になっていたのか信じられないと思うであろう。明朗快活な性格で，何事にも積極的に取り組む姿を思い浮かべることができる。まず，このことが「落とし穴」の一つ目である。

　つまり，言動や性格から判断しているということである。例えば，内向的な性格で，何事にも周囲の様子をみながら控えめに仕事に取り組むような新採用教員なら，周囲の人はどのように対応するのであろうか。病気やノイローゼになると大変だから，いつも様子をみて，心配や相談ごとがあればすぐに対応しなければなどと考えて気をつかうであろう。

　ところが，Ａ教諭はこれらの性格とは全く異なるうえに，学生時代に幼稚園でのボランティア活動を経験しているなど，周囲の先生方にとっては性格や行動の他，実績からみても，全く初めての新任ではないと判断されていたようである。ここが盲点でもあり，落とし穴だったように思う。

　新任の先生は経験も浅く，日々の実践を繰り返しながら研修を積み重ねることを継続しないと，子どもたちへの指導や支援などは十分にできないことを周囲の先生方は念頭に置く必要がある。昨今の新任の先生方は，学生時代にアルバイトを経験するなかで，時間給や待遇のよい接客業を選択する場合が多くみられる。そのため，一見すると社会性に富み，笑顔で相手の気を逸らさないような言動がみられるが，営業と私の区別や，本心はどこにあるのかなどが曖昧になる弊害もみられる。

　新任教員の指導を担当する立場にある中堅教員の先生方は，教育一筋のなかであっても，ときにはファーストフード店や飲食店などにも客として出かけ，学生アルバイトの接客の様子を眺めつつ，幅広い視点で人を見る目をさらに高めてもらいたい。

　人は見た目や第一印象も人物の大きな判断材料となるが，やはり日常の職務のあらゆる場面をとらえて，自分の目でしっかりと見極めることが基本となるであろう。

A教諭から見た教師の仕事の大変さ

　A教諭は幼稚園の先生になることを夢とし，その夢を実現させて希望に満ちた心地で幼稚園教諭としての第一歩を踏み出した。自ら望んだ職業に就くことができたので，漠然としていたとしても今までに自分自身で抱いていた思いや願いがあるはずである。この事例ではそれらのことをうかがい知ることはできないが，「このような子どもに育てたい」という目標は持っていたのであろう。

　ところが，どのような理由からかはわからないが，指導や支援に行き詰まっていたのは確かなことである。新任教員を対象とする研修会やお互いの実践をみせあう授業研究会などもあり，学んだことを日々の実践へ生かすこともなされるなか，悶々としていた様子も想像できる。それらを周囲へ知られないように努めて明るく振る舞っていたため，さらに周囲の職員はうまくいっているものと判断していたようである。

　ここで課題や問題になることはどのようなことなのであろうか。周囲の職員

はＡ教諭の指導や支援の様子を改めて参観をしなくとも，自ら指導をする傍らでＡ教諭が何を，どのようにしているのかはわかるのではないだろうか。また，Ａ教諭の担当する学級の子どもを一見すれば，落ち着いているかどうかなどを短時間のなかで判断でき，学級経営の状態もある程度は把握できる。

　Ａ教諭は保護者の対応にも苦労していたことが，見舞いに行った園長へ本人が伝えた内容からわかる。子どもと保護者はともにつながっており，園での子どもの指導や支援が思うようでないと，子どもの言葉や様子から保護者なりに判断をして，担任に対する受け止め方や信頼の度合いも低下する。

　子どもへの指導，支援と保護者との信頼という課題を４月からの３か月間ずっと持ち続け，何事もなく振る舞い，周囲もわからずにいるなかで，Ａ教諭はやがて心身に変調をきたし長期の入院となる。教師の仕事は大変であるとともに，長い時間，継続して仕事が思うようにできないと自らの心身に影響を及ぼすという一面がある。現在，日本では園や学校に勤務する教職員の病気休暇を取る人数が年々増加している。中堅教員はこのことを重く捉え，自らも含め組織全体で改善できるような手立てを率先垂範して示すなどの役割を担っているように思う。

3　さらに考え，深く学ぶために

民間企業と園，学校の違い

　「七五三」と言う言葉を耳にしたとき，多くの人は幼い子どもの節目となる，めでたいお祝いを連想するだろう。盛装して，手には千歳飴を持ち，親に伴われて神社へ参拝する姿を思い浮かべることと推察する。

　ところが，教職に身を置く人たちにとっては，七五三の言葉の意味は少々異なる。60歳で定年によって退職したあとの健康を保持できる年数を表しており，教諭の職に就いていて退職をした人は７年，教頭（副校長）で５年，校長では３年と言われている。これらの職層ごとの年数を超えれば，まずは一安心で，めでたいということになる。在職中になんらかの疾病を発病した場合には，退

職後もそれが続く場合や，脳血管障害や急性心不全などにより亡くなる人もみられる。

　筆者は教職に就く前は営業系の仕事を担当していたが，当時は1970年代の高度成長期とも相まって，出勤後の仕事が深夜，ときには早朝まで及ぶことなどは日常茶飯事のことであった。しかし，自ら時間を管理できたことや，契約が成立すれば一段落するため，次の仕事へ向けてメリハリを持って臨むことができた。また，勤務時間があってないような状況だったが，超過時間に対して，それなりの手当や処遇がなされていた。日々の休憩時間には，ブレイクタイムとして1時間は自由に過ごすことができ，土曜や日曜の休日には仕事の事は一切忘れて，公秩良俗に反することだけは戒めたうえで，ゆったりと時間を過ごしていた。

　その後，教職の道に入った筆者は，勤務年数を経るに従って，民間企業との違いを身をもって体験することになった。一番強く感じたことは，利潤を追求する企業に対して，教職は子どもたちを育てるという，全く異なる世界であるということである。契約をもってゴールとしていた筆者にとって，教育の仕事はやってもやっても際限なく続き，ゴールがみえず，ときにはゴールなどないと思うこともたびたびあった。4月に始まり，翌年の3月で終わる年度のなかで，2期や3期で区分されている学期をそれぞれのゴールと見定めて，自分自身の中で仕事に対してメリハリをつけることができるようになるまでは，かなりの年月を要した。

　さらに，始業から終業まで8時間の勤務時間が定められ，週40時間の勤務となっているが，勤務時間内でその日の仕事を定刻で終わらせることはできない。一人あたりに分担されている業務は，どのように精選をしたとしても絶対的な量が多い。おのずと勤務時間を超えた業務が続くが，民間企業であれば残業手当やそれに見合う処遇がなされている。しかし，教職員の場合には，教職調整額によって民間との給料の格差などと合わせて是正措置がとられているが，民間企業に比べれば額も低く，サービス残業が続いているのが現実である。労働基準法により，8時間の労働時間の途中に1時間の休憩時間をとることが定め

られているが，職務の内容や性質上，子どもたちは在校しており，ブレイクタイムとして校外で自由に過ごすことができず，つねに勤務場所に留まって，いつ起こるかわからない子どもたちの不測の事態等について対応する体制のなかに置かれている。

　日本の教育は，このような状況にあるなかで，教育に対する使命感や崇高な理想，そして子どもを思う教職員によって支えられており，世界でも類を見ない高い教育水準が連綿として維持され，保持されている。

教職員の非違行為

　幼稚園，小・中学校，特別支援学校等は文部科学省が管轄し，教える基準として，幼稚園では幼稚園教育要領が，小・中学校，特別支援学校では学習指導要領が示されている。また，保育所は厚生労働省が管轄し，保育士が保育所保育指針に基づいて幼児の保育を司ることについては周知のとおりである。

　教職員の身分については，国立行政法人が運営する大学の附属学校に勤務する場合には，国家公務員となり，教官として国家公務員法が適用される。また，公立学校に勤務する教職員は，地方公務員として地方公務員法が適用される。

　地方公務員法は地公法と略され，地方公務員に関する服務規定等が定められている。地公法では，義務，禁止，制限が条文にあり，職務に専念する義務や，争議行為の禁止，兼業に関する制限等がよく知られている。また，地公法のほかに，教育公務員特例法も教職員には適用される。教育公務員特例法は教特法と略され，研修についての規定が定められている。

　地方公務員法には研修に関する規定が定められているが，教育公務員特例法の研修に関する規定と一番大きな違いは，それを受ける義務の有無である。地方公務員は，研修の場や機会が与えられなければならないのに対し，教育公務員は必要な要件として規定されており，専門職として職能成長や資質，能力の向上のため研修が位置づけられていることがわかる。

　教育公務員が非行や違法な行為を起こしたときには，その程度や状況により懲戒や罰則が適用され，戒告，訓告，免職等により処分される。血中アルコー

ル濃度が0.15mgの酒気を帯びた状態で車を運転し，検挙された場合には，酒気帯び運転で道路交通法により処罰されるだけではなく，教職員の場合には懲戒免職となり，退職金だけでなくその職も失うことになる。昨今は，コンプライアンスと言われる法令遵守の考え方が社会全体へ浸透している。一般企業でも，酒気帯び運転で検挙された場合には，厳しく処罰する傾向がみられる。

　教育公務員は，まず法令遵守などを率先垂範して指導する立場にある。さらに，職に対する信用や信頼を著しく傷つけるだけにとどまらず，子どもや保護者の信頼を失い，将来に向けて大きな禍根を残すことになる。教職員の非違行為は，社会全体へ悪影響を及ぼすことも大きく厳正な処罰がなされている原因である。

今こそ未来を切り拓く教育を

　民間企業は，好景気の波に乗り業績を上げれば純益を得て，一部は施設や設備の改修等に当てられるほか，内部留保として蓄えられた後，従業員の給料へ支弁される。反面，不況になり業績が下がれば，企業は生産規模などを縮小，統廃合し，赤字を減らして倒産を避けることに腐心する。

　コストの内訳において，人件費は高い比率を占めるため，コストカットの一環としてリストラやレイオフがなされる。今まで高収入を得て厚遇されていた従業員は，生活が一変し，次の職を探して就職するまでの間は，自ら蓄えた預貯金を切り崩して生活する。そのため，日々の生活は困難さを増していく。好景気に沸いた1980年代のバブル期のあと，リーマンショックで不況に一転した過去の歴史や事実がこれらの一連の流れを如実に物語っている。

　一方で，公務員は景気の良し悪しに影響されることは少なく，安定した職種である。民間企業が不況になると，就職先として公務員志望が高まり，競争倍率も高まるため，通常以上に狭き門となることを過去の歴史は繰り返してきた。ところが，昨今は官公庁等の公務員志向は相変わらずであるが，公立学校などの教員採用試験の志願者数は減り続け，競争倍率も低下している。つまり，一般公務員の人気は続くなか，教育公務員は不人気という状況にある。

とくに両親の両方か，いずれか一方が教員の家庭に育った子どもが，教員を志願していない傾向が見られる。従前は，教師である親の姿をみて教育の仕事に対して夢や希望を抱き，教育学部を経て教師の道を目指すことが多かった。今では，教員を職業としている親が，自らの子へ教員を職業として選択しないように説諭，説得している事例も多く耳にしている。

　学習到達度調査（PISA）を実施している国連の経済協力開発機構（OECD）は，この調査の根拠として国の経済力を支えるのは教育の力であると断言している。教育の基盤がなければ，その国の経済を支えることは不可能であるとも言える。

　日本では，明治時代の学制の公布以降，教育立国としての道を歩んでいる。時代ごとに，教育には不易と流行があり，時々の教育者は教育の本質を洞察し見極め，時代にふさわしい教育を推進してきた。現在の教育を取り巻く状況は，何をとってもプラス材料は見当たらず，出口の見えない閉塞感が募っている。行く先や将来を考えたとき，職業選択を誤ったのかと疑問に思うことや，行き詰まることも多々ある。

　しかし，逆の発想を持つことが必要ではないだろうか。むしろこれらの困難さや理不尽さのなかから抜け道を模索することや，夢や希望を語る次代を構築できる仕事は，教育以外にはないと筆者は確信している。

　教育に携わる職は専門職である。専門職としての自覚や誇りを持って，日々の職務を誠実に実践することを通して，新しい未来を，教育の力で切り開いていくことが求められている。

第4章　理解度テスト

　以下の文を読んで，その記述が正しければ○，誤りであれば×をつけなさい。

□(1)　園や学校の仕事は年々多忙になるなか，多様な言動をとる子どもや配慮を要する保護者などの対応に苦慮した結果，慢性疾患や心身の疾患などを引き起し，病気休暇を取る教職員が増えている。

□(2)　生きている人間は「十人十色」と言われるようにみな違うなか，物を生産するように

均一で同じ物を手際よくつくる仕事の考え方などを取り入れながら人の教育にあたること
は可能である。

□(3)　新任教員は，数多くの研修を受ける場や機会に恵まれているので園や学校での組織立
った研修は必要なく，中堅教員として新任教員への指導なども園長などに任せ，独立独行
や主体性を養うことが大切である。

□(4)　一定の語彙を持ち，会話や文字を書くこともできる小学生に対し，自我の発達途上に
ある幼児は限られた言葉によって自らの意思を表現するなか，指導や支援にあたる教員は
それらを見取りながらきめ細かな対応を行っている。

□(5)　幼稚園では子どもたちへの指導や支援が本来の業務であり，活動の途上で起こる子ど
も同士の「もめ事」の仲裁や排泄に関わる失敗などへの対応は，業務以外の奉仕作業にあ
たるものである。

コラム4
アルバイト先での経験

　大学時代の４年間は，自宅から徒歩５分程度のところにあったビールや酒類を扱う問屋で，夏休みなどの長期休業の折にアルバイトをやっていた。２トン車の助手席に乗り，注文を受けた酒屋に行き，荷台からビールや酒を運ぶ仕事をしていた。

　アルバイトを始めたばかりの当時は，ビールは大瓶24本が入った木箱のケースだった。ビールの大瓶は１本あたり633mlであり，１ケースともなるとそれなりの重量があり，力任せに運搬したり扱ったりすると木箱やビール瓶が破損することもあるため，慎重に扱った。ケースの中でビール瓶を破損させると，ビールの中身や泡が周囲に飛び散るだけでなく，ケースの中に入っている別のビール瓶にも中身がかかり，瓶に貼ってあるラベルが汚れ，はがれるということも起こる。酒屋によっては，全部交換を求めてくる場合もあった。

　やがて，ビールの大瓶は24本入りの木箱から20本入りのプラスチック製のケースへと変わった。現在，目にするような黄色，白，赤，緑など，ビールメーカーを一目で識別できるケースである。ケースの四方には取っ手が付いており，持ち運ぶときに持ちやすいうえに，１本１本のビール瓶が揺れや衝撃から守られるように，ケースの中は区分けされていた。ビールの運搬をしていた私にとっては，20本入りのケースをトラックから運んで酒屋の倉庫へ運んだ後，ケースを積み重ねる際，パチン，パチンと上と下のケースがぴったりとはめられるようになっていることが何よりもよかった。木箱のときには，下の木箱へ積み重ねたときにズレてしまうと，重い１箱をいったん持ち上げて積み重ね直す必要があるため大変だったが，プラスチックケースになると，積み重ねてズレがあっても，軽く動かすだけでピタリと下のケースにはまり，１段目の土台がしっかりしていれば10段までは積み重ねることができるようになった。問屋で扱っていた日本酒や醤油も，ビールの後を追うように徐々に木箱からプラスチック製のケースへと変えられていた。

　ビール運びのアルバイトで一番大変だったことは，配達先の酒屋の酒類を保管する倉庫が店舗から遠いときであった。ケースを抱えてリズムをつけながら持ち歩き，倉庫まで運ぶことを延々と続ける作業となる。両手でケースの取っ手を持ち，後方に体をそらし気味にして，自分の体重と釣り合いが取れるようにし，リズミカルに歩くと，体にかかる負担も軽減された。このような持ち運びのコツを会得して運ん

でも，夏の暑いときは当然のことながら，春先でやや気温が低い時であっても顔や全身からは汗が出て，作業が終わる頃には，体中汗でびしょびしょになった。ジーパンの布地のような素材でできた，相撲の力士が身に付ける化粧回しのような前掛けをつけていないと，左右の太ももにケースが当たり，すぐに擦り切れてズボンに穴が開いてしまうこともわかった。

　ビールを倉庫まで運んだ後は，空になった瓶の回収作業もあった。酒屋が客や店から回収してきた空き瓶がケースの中に入っているが，屋外に置かれている場合が多かったため，一苦労であった。空の瓶には雨水が入っており，1本1本を逆さまにして中の水を取り除く。また，私のアルバイト先で扱っていたメーカーのビール瓶はなで肩の形状であったため，途中に膨らみのある他社のビール瓶を選別して回収する作業も加わった。ケースの中には，異なる大きさの飲料の瓶や破損した瓶も入っており，慎重に作業を進めるため，多くの労力と時間を費やした。

　当時，私のアルバイト先で扱っていた大手メーカーのビールは，ビール販売量の約60％程度を占めており，ほぼ独占状態で，現在のように大手メーカーがシェアを分け合っているような状況ではなかった。ビールの消費が活発になる夏になると，ビール工場で生産されたビールは，大型トラックに積まれて次々とアルバイト先の問屋の倉庫へ運び込まれた。工場から出荷されたばかりのビールは温かく，ラベルも鮮明に見えた。

　私がアルバイトをしていたのは，1970年代である。日本が高度成長をしている時期でもあった。現在のように安定期に入り，多くの選択肢がある時代ではなかった。現在，酒類は，夏はビール，冬は日本酒といった時代から，ビールは大手メーカー以外にも地ビールなども生産され，ラガービールや第三のビールまで，さまざまなビールが量販店やスーパーマーケットに並んでいる。また，ワイン，ウイスキー，焼酎，梅酒など，好みに応じて消費者が買い求める時代になっている。このような時代の流れに対応できなかったのか，私が学生時代にアルバイトをしていた問屋は今ではなくなり，往時を忍ぶのは古びた事務所のみで，大型トラックが何便もビールを運び込んだ倉庫もなくなり，更地になっている。飛ぶ鳥を落とし，日の出の勢いがあったとしても，会社の経営は地にしっかりと足をつけ，先を見通していないと，多様化する社会の流れのなかで一気に衰退してしまうのかと私は考えていた。

第 5 章
組織の一員としての自覚や言動

――――― この章で学び，考えたいこと ―――――

　園や学校は，さまざまな職務を持つ人々によって構成されている組織体である。学校であるなら，校長や教頭のほかに教諭，助教諭，養護教諭，講師などの教育に携わる職の人々と，学校事務職員や学校栄養職員，給食調理員，校務員などの学校を支える専門分野を担当する職の人々とで構成されている。

　昨今は，都道府県ごとの特色ある教育が進められるなか，上記の職以外にも新たな職務や名称も生まれ，多様な時代を迎えている。また，校長，副校長主幹教諭，指導教諭，教諭など，学校の組織を職や階層によって細分化させている都道府県も見られる。従来の園や学校の組織を継続する都道府県もあるなか，組織を細かく分けて職務にあたっている背景には，どのような根拠があるのだろうか。

　また，園や学校では「園長や校長が代わると，園や学校が変わる」と言われている。変わることには，よくなることと悪くなることの二面がある。たった一人の園長や校長が代わるだけで，なぜ園や学校が変わるのであろうか。

　この章では，園や学校の組織から現状を考えながら，組織の大きな役割を担う中堅教員として，組織のありかたや，今後自らが組織の一員としてどう学校や園の経営に携わっていけばよいのか，じっくりと考えていただきたい。

　A幼稚園に勤務するA園長は，園長歴が長いベテランである。本人の緻密で細やかな性格を反映して，子どもたちの指導や支援にあたる先生方に対しても，つねにきめ細かさを求めている。また，自らの考えや方針を先生方に伝え，それらに沿った園での指導や支援を求めるだけでなく，個々の職員の服装や言葉づかいに至るまでじっと観察し，折をみて個々の職員に強い指導や指示を繰り返していた。園長の一方的な見方や考え方，多くの職員の前で指導や指示を受けることに，職員は疑問を感じながらやる気もなくしている。

　一方，B幼稚園に勤務するB園長は，2年目の園長歴を持つ。明朗快活で積極的な性格の持ち主であり，自らが教諭や主任時代に課題としていたことを職員全体に投げかけ，話し合いの後，翌日から先生方の教室への参観を続けていた。参観後は指導や支援に対する助言だけでなく，不安や悩みなども自らの体験などを交えながら交流のなかで応えていた。職員全体に笑顔や穏やかな言動がみられ，園長とともに職員が一体となってのびのびとした職場の雰囲気のなかで，生き生きと仕事に取り組んでいる。

　A幼稚園とB幼稚園にそれぞれ勤務する中堅教員のA教諭とB教諭は，同期採用の間柄である。二人は自分が勤務する園の様子を話すとき，あまりの違いの大きさに何がそうさせているのかなど，たびたび情報交換をしている。

1　園や学校の雰囲気や文化

　筆者は，教育委員会の指導行政に勤務している折，数多くの園や学校を訪問して園長や校長の経営方針などをうかがうことや，先生方の授業を参観してそれぞれに指導や助言をする職務を担当していた。

　まず，園や学校の玄関に入った瞬間に，それぞれの異なる独特の雰囲気を感じた。中堅教員の先生方が担任する子どもたちの家に「家庭訪問」をしたとき，玄関に入った瞬間に感じる雰囲気と考えていただくとわかりやすい。玄関が整っていることや，すみずみまで掃除が行きわたっていることも感じることの一つであるが，それとは異なる雰囲気を感じる。歴史や伝統を積み重ねるなかで醸成された何かが，玄関のたたずまいのなかに漂っているように感じた。

　また，園舎や校舎をめぐると，廊下の壁面に貼られた子どもたちの絵画作品や掲示物から，園や学校ごとの雰囲気も伝わってくる。とくに絵画作品を眺めると，先生方が熱心に指導や支援をした学級では子どもたちがていねいに一生懸命に描いた作品が連なるなか，何とも言えない重厚さが感じられる。

　一方，子どもたちの態度や様子からも園や学校ごとの雰囲気が伝わってくる。校舎内外で多くの子どもたちと出会う。挨拶や会釈のなかにも，語気や表情などから心のこもった様子が伝わってくる。勢いがあり活気のある園や学校では溌剌とした態度で，明るさや元気のよさが挨拶や会釈から感じ取ることができる。

　教室での授業参観では，普段の積み重ねの様子が子どもたちの学習中の態度や発言，発表から伝わってくる。子どもたちの真剣に集中している眼差しは，参観している際に何よりも心地よく感じられる。園の参観でも同様である。年齢が低い子どもほど，快不快を態度に表し，心に思ったことを素直に言葉や表情に表出する。活動のなかでは，先生の言葉かけや助言を受けて子どもたちがどのように反応して応答するのか，その様子を見ているだけで日常の子どもと先生との関わり方や信頼関係などもわかる。

　一日単位の限られた時間のなかでの園や学校訪問ではあるが，施設の様子や子どもたちの学ぶ姿から，園や学校が子どもたちにとって教育の場として十分に機能しているのかどうか，把握することはできる。また，園や学校の醸し出す雰囲気のよさは，訪問をした全員が異口同音に口にする。

　この節では，これらの溌剌として勢いのある園や学校を思い浮かべながら，中堅教員として，何を，どのようにすれば，このような園や学校全体の雰囲気や意欲をもって学ぶ子どもを育てられるのか，組織の重責を担う立場として考え，今後を構想していただきたい。

園や学校の文化や風土とは

　私たちは，日常生活を送るなかで，時折文化や風土という言葉を耳にする。文化や風土とは何か。それぞれの家には「家風」があり，会社には「社風」，

学校には「校風」があることはよく知られている。家，会社，学校がそれぞれに持つ，独特で特有な雰囲気や文化とも言える。また，文化とは理想を実現していくなかで生み出される精神的なものと広く理解されている。

　これらを総合すると，学校であるなら，学校の教育目標を達成できるように日々の学校教育を進めるなかで生み出されていく精神的なものが「校風」となる。園の場合も同様に，園の教育目標を達成できるよう日々の園での教育を進めるなかで生み出されていく精神的なものがこれにあたる。

　また，学校の教育目標は一朝一夕に達成できるものでなく，試行錯誤やさまざまな実践をとおして，長い時間や年月をかけて徐々に達成に向けて近付いていくものであろう。また，近付き方には一進一退もあり，順風満帆ななかで達成に向かっていくわけでもない。そして，園や学校のこれらの日々の教育活動の実践や積み重ねのなかから，園や学校の風土や校風は次第に醸し出されてくるものなのであろう。園や学校を訪問した人々が直観的に感じる雰囲気と一線を画する精神的なものであることも理解できる。

園や学校の文化や風土の主体とは

　園や学校の文化や風土の意味を理解することができたが，だれがこれらの文化や風土をつくるのであろうか。それには園や学校を構成するものを考えるとわかりやすい。みなさんが真っ先に思い浮かべるのは子どもなのではないだろうか。次には，自分たち指導者や園舎，施設などであろう。

　これらと前項で学んだことを関連づけて文化や風土をつくることを考えると，どのようになるのであろう。園や学校の教育目標を達成するために行われる先生の指導や支援，園舎や校舎などで行われる子どもの学びといった教育活動のなかで醸成される精神的なものとなろう。それは，子どもと先生方で長い年月をかけてつくりあげられるものと言える。

園長や校長の役割

　園や学校は，さまざまな職員で構成される組織体である。園長や校長は，組

織の長として園や学校の仕事全般を統括し，所属する職員を監督する職務を持っていることが学校教育法によって定められている。

　園や学校の仕事全般とは園務や校務のことで，園や学校の仕事全部という意味である。園長や校長は，園や学校の仕事を全部一人でやるのであろうか。現実的に考えても，おびただしい数の仕事を一人でやることは不可能である。園や学校の仕事を一人で全部やるということではない。組織を構成する職員が園や学校の仕事を分担して行い，園長や校長は分担をまとめる役割を担っている。統括するということは，責任をもって，園長や校長が分担をまとめるということである。そのあらわれとして，園や学校からの提出文書には右肩に園長や校長の氏名が書かれ，園や学校の印が押されている。園長や校長が責任を持って提出した文書であるという証でもある。

　また，園長や校長は所属する職員を監督すると定められているが，それは職員を監視することや取り締まることではない。園や学校の仕事を職員が行うなかで，進み具合や出来具合を途中で見ながら，職員へ適切な指導や助言をすることである。あるいは子どもへの指導や支援が適切になされているのかどうかを授業参観などをとおして把握し，その後に先生方に指導や助言をすることである。その他，公立の園や学校では，公務員としての義務や制限，禁止されていることなど服務規律が守られ，確保されているかどうかを見守っている。

　園長や校長の大きな仕事は，園や学校を経営するということである。経営者としての資質や能力が求められる。資質や能力には，手腕や度量だけでなく，先を見る力や所属職員を統率する力，決断力など，数多くの素養が必要とされている。

　園長や校長は園や学校にとって最高責任者である。決断を一歩間違えれば，子どもたちや所属職員へ多大な損失や，取り返しのつかない惨禍を与えかねない。大変な職責のなか，「孤独」でもある。

園や学校の組織

　園や学校は，組織として見ると「鍋蓋組織」であると言われている。料理に

使われる鍋には蓋があり，中央には丸いつまみが付いている。蓋全体を横から眺めるとつまみが一つ突起してあり，その下はすべて平らな形をしていることがわかる。園や学校の組織を鍋蓋にたとえると，中央にあるつまみが園長や校長にあたり，その下の平らな部分が先生などの職員にあたるということである。

　園長や校長以外は，職員がみな横一線に並んでいる組織であるという考え方である。この考え方による組織のよさは，どのようなことなのであろうか。経験年数の違いなどはあるが，横一線に並んだ職員は，お互いに尊重しあいながら職務上の職階などを意識することなく，同僚として子どもたちの指導や支援を通してのびのびと学びあうことができる。職員だけで解決が難しいときには園長や校長へすぐに報告，連絡，相談などもでき，必要に応じて迅速な対応や対処もできる。また，一人ひとりの職員が園や学校の仕事や分掌を任されているという意識が高まるなか，自らの自覚や責任を念頭に置いて，組織の一員とし職務にあたることもなされるようになる。

　一方，都道府県によっては園や学校で細分化された「職階制」を取り入れている組織もある。学校であるなら，校長，副校長，主幹教諭，指導教諭，教諭の職階などである。職階を細分化した組織のよさをねらっているわけだが，どのようなよさが出てくるのであろうか。職階を明らかにすることによって，仕事の分担や責任の所在を明瞭にすることがあげられる。また，縦割りの組織のなかで，報告・連絡・相談を徹底させ，効率よく目当てをもって仕事に取り組むこともできるようである。

　鍋蓋組織と職階制による組織が見られるが，それぞれの持つよさや課題を明確にし，園や学校の教育目標に向かって組織として機能させる「態勢」として運用させなければならない。形だけの役職や職階などを整備した「体制」では，組織としての成果は望めない。一人ひとりの職員がともに力を合わせて，個人の持つ力を高め，磨き合うなかで組織ならではの大きな成果を発揮できるように「協働」することが大切であろう。

組織の一員としての自覚や言動

　園や学校は，組織ぐるみで仕事をする教育の専門機関である。園長や校長を経営者や責任者として，職員は組織の一員としての自覚を持って日々の職務にあたり，園や学校の教育目標の達成を目指して尽力する必要がある。ここで，職員にとって組織の一員としての自覚とは何かを考えてみよう。中堅教員の先生方は，どのように考えるのであろう。新任教員の頃を思い起こすと，自分は組織の一員としてどうだったのかを振り返ることができるように思う。学級担任として自分の学級に目を向けるあまり，他の学級への影響や迷惑などに気付かず，結果とて自分勝手な立ち居振る舞いをしてきたことなどがあるのではないだろうか。

　また，「報告・連絡・相談」という組織の一員としての鉄則を忘れることや認識のあまさによって，他の職員を混乱させ，迷惑をかけた体験などもあろう。新任教員で経験が浅いということから，周囲の職員は思いやりや寛容の気持ちや態度を示し，それらの姿から学びつつ，組織の一員としての自覚を徐々に持つようになってきた経緯もあろう。

　自分ではどのように考えても判断がつかないことや園や学校全体に関わる課題や問題は，まず同僚に相談をすることや，緊急度や深刻さの程度によっては，すぐに園長や校長に報告・連絡・相談をすることが，現在の園や学校ではきわめて大切なことである。職員が一人で問題を抱えている間に，問題は急速に傷口を大きく広げ，園長や校長の耳に入ったときには対処のしようがない状態となる。早いうちであるのなら，まださまざまな手を打つことができる。

　さらに，自らは組織の一員であるという自覚に基づく言動も大切である。子どもや保護者の落ち度や過失を口走る前にわずかでもよいので考え，自分の胸に手を当てて間を置くだけでも，言葉や行動は落ち着きを見せるはずである。一度口から発せられた言葉は，二度と戻らないことを考えるべきであろう。個人の言動により，組織全体が高くも低くも判断されることは周知のことである。

2　事例5より：園長や校長の及ぼすものとは

　園や学校の最高責任者としての園長や校長に求められる力量や期待は測り知れない。4月の人事異動で着任する園長や校長というたった一人によって，園や学校はよくもなり，悪くもなる。なぜなのだろうか。園長や校長は園や学校の経営を任されているためである。学校教育法では「園長（校長）は，園務（校務）をつかさどり，所属職員を監督する」（第27条第4項，および第37条第4項）と定められている。つかさどることや監督することについては，すでに前節で学んだとおりである。

　どのような職種の職場でも同様であるが，「長」と名の付く役職が代わると，職場の雰囲気はがらりと変わると言われている。その下で仕事をする人たちにとっては，今までと異なる雰囲気のなかで新たな長に順応しながら仕事をすることとなる。だれしも思うことは，よき上司であってほしいということであり，さらに突き詰めれば，仕事がやりやすいことを望むのではなかろうか。

　この節の学習では，事例に登場するA園長とB園長の人となりを追いながらそれぞれの園の職員がどのような影響を受け，受け止め方をしているのかを対比することをとおして考えたい。次には，これらの事例をとおしてあるべき園長や校長の姿を明らかにし，中堅教員として今後の園での生き方を考えていただきたい。

A園長と所属職員の思い

　事例に登場するA園長は，一言で言えば「隙がない人」のようである。また，信念を持って自らの生き方や考え方を貫き，子どもたちへの指導や支援のあり方を追い求めてきたようである。所属職員にとっては，息が詰まり，神経を使うことが増え，緊張や気が休まることもなく，心身の疲労は高まるであろう。

　さらに，個々の職員の服装や言葉づかいに至るまで観察し，折をみた指導が職員の前でなされるとのこと。個々の職員がどのような服装をしていたのか事

例だけではわからないが，少なくとも園で子どもたちへの指導や支援をする指導者である。常識や良識をもとに，子どもの前に出るのに相応しい服装をしているはずである。たとえば，かかとの高い靴を履いていれば，地震や火災などのときに子どもを安全な場所へ避難誘導させる際につまずくこともあり，迅速な対応に不向きである。服装も，子どもたちの前に出たとき，華美な色調では子どもたちが落ち着かなくなる場合もあり配慮すべきである。

　職員に対して，服装や身だしなみについて園長として指導をする必要があるとするなら，どのように伝えることが大切なのであろう。まず，どのような理由でそれらが相応しくないのか，本人へ自らの見解を伝えるべきである。色調などの色彩感覚は人それぞれ異なり，相手の応答などに耳を傾けることによって新たな認識を持つこともできるであろう。頭ごなしに指摘することや指導ありきの姿勢では，相手に伝わらないことも多い。

　身だしなみについては，脱いだ上着などの両袖を前で結んで，腰に巻き付けている指導者を散見することもある。脱いで身に付けない上着をたたんで置くことは，子どもたちにつねづね指導をしていることである。腰に巻き付けて上着をヒラヒラさせているような場合こそ，即刻指導をすべきである。

　次に，園長として教職員へ指導をする際，多くの職員の面前で行うことはどうなのであろうか。みなさんならば，どのように指導をするであろうか。人にはだれにも人権がある。この事例の園長の行為は，その職員の体面や立場，尊厳を傷つけることであり，解釈や状況によっては自らの職階を振りかざしたパワーハラスメントにあたる。人を大衆の面前であからさまに叱責することや威圧的な言動など，園長としての人権感覚も疑われる。真から本人に自分の意思を伝えたいのなら，人のいない部屋などで個別に伝えることが必要である。

　園長自身が注意を受ける教諭の立場に自分を置き換えれば，相手どのような受け止め方をするのかわかるはずである。見せしめと感じ，自尊感情を著しく傷つけられた教諭は，無言のうちに園長に嫌悪の念をもち，以降もその感情が継続するなか，溝を深めたまま修復不能となろう。

B園長と所属職員の思い

　園や学校の仕事は仕事量が多いうえに，同時に解決しなければならない子ど
もや保護者の問題などが重なり，それらが解決までに長期間を要する場合もあ
る。このような場合には，職場だけでなく自宅に帰った後にも釈然とせず悶々
とした時間を過ごすことになり，仕事を引きずり続けていくこととなる。この
ような心身ともに疲労，疲弊しているときに職場で頼りになるのは，身近な同
僚であり，園長や校長の人柄であろう。

　B園長は，自らが教諭や主任の頃に課題としていたことを職員へ投げかけ，
職員と話し合いながら解決や改善を図ろうとする姿勢を持っている。B園長が
課題としていたことは，多くのことで職員の課題と共通するものであろう。そ
れらをともにそれぞれの立場で力を合わせて解決，改善をしていきましょう，
という考え方である。A園長は初めから職員を指導しようとするのに対して，
B園長は職員とともに考えていくという，全く異なる方針の違いに気付くであ
ろう。

　また，職員にとってB園長の明朗快活で積極的な性格は，多忙で出口のみえ
ない仕事や難題が降りかかっている職員にとって「一服の清涼剤」ともなる。
B園長の溌剌とした言動によって行き詰まっている職場の重苦しい空気や雰囲
気は一変し，明るくなる。職員に寄り添って，言行一致の姿勢で生き生きとB
園長が仕事をする姿や様子から，職員は徐々に信頼を寄せるであろう。職場に
明るい声が行き交い，笑顔で仕事を気持ちよくできる環境が整うのにも時間を
要しないであろう。

　園長や校長は経験年数を経ることも大切なのであろうが，人柄や性格が良好
なことや，第2章で学んだ「肯定的評価観」や「共感的理解」を真に持ってい
るのかどうかにより，個々の職員や園や学校全体の経営状態や雰囲気も大きく
変わるということが事例から学ぶことができるであろう。読者のみなさんは，
どのように考えるであろうか。

3　さらに考え，深く学ぶために

上司に恵まれた新入社員の頃

　筆者が入社した企業は，本社に社長や取締役，役員等が在職していた。社長に関しては，新入社員の入社式で訓示を聞いたのみで，全国の支店へ配属された後は，定期的に発行されていた社内報で経営方針などを読む程度であった。新入社員にとっては，社長は名前のみ知る「雲の上の人」であった。

　筆者は，6月に中部地方の支店へ配属された。支店長のもと，部長，課長，係長の職階のなかで，新入社員として勤務した。職務上の指導や指示等は，課長から直接受けた。6月中は外部へ営業職として出張することはなく，職務に関する資料づくりや，顧客への対応やアプローチの仕事など，心理面にも触れながら課長の体験談などを交えたなかで学ぶことができた。

　始業時には，全員で起立をして，会社としての理念や方針がまとめられた3つの「社訓」を唱和した後，その日の仕事についた。朝のわずかな時間であったが，唱和することによって，組織の一員として会社の方針に沿って勤務を遂行することや，所属意識を高め，「さあ，やるぞ」という勤務への切り替えをすることができた。

　7月となり，いよいよ営業職としての独り立ちの時を迎えた。訪問先などを係長へ報告した後，出張する日が続いた。営業職は会社を1歩出れば，後は時間の管理や過ごし方などは自らの計画にしたがって，自己責任のもと契約成立に向けて職務が進められる。現在のように携帯電話がある時代ではなく，出先から公衆電話を使って，上司への報告，連絡，相談が必要に応じてなされていた。

　契約は，「順風満帆」のごとく取れるときばかりではなかった。このような新入社員の姿を前にして，係長や課長は，自身が多忙で仕事に追われているときであっても，励ましの言葉をかけることを忘れなかった。また，出張先から遅く会社に戻ったときには，自らの仕事をするような形をとりながら筆者を待

っていたこともたびたびあった。契約がまとまりそうなときには，課長や係長が一緒に出向き，最後の詰めや一押しに尽力していただいた。

　時間があってないような当時の営業職で，会社を出れば自分の裁量のもとで職務が進められ，とかく自らの力がないことにも気付かず，過信と独立独行で進みがちであった当時の筆者にとって，上司の言動はつねに自分自身の反省や振り返りとして，ありがたく，大きな力となった。

　困難な局面を迎えたとき，行き詰まって停滞しているとき，よき上司に恵まれた新入社員は，悩みながらも短い時間のなかで打開し，次の新たな一歩を踏み出すことができる。この会社で働いていてよかったと思うことや，組織の一員としての自覚などは，身近な上司によって大きく左右される。そのことを，筆者は身をもって体験をすることができた。

よき校長先生との出会い

　営業職から公立学校の教員として新採用教員となった筆者は，全校児童数が1380人強の「マンモス校」と呼ばれる小学校へ勤務した。各学年が5～8学級あり，教員は音楽などを教える専科などの教職員を含めると，50人近い規模であった。

　朝出勤すると，まず出勤簿へ捺印し，自身の名札を赤から白に変転した。週の真ん中には朝の打ち合わせがあり，校長先生の一言の後，連絡事項や簡単な協議などが司会の先生方を介して各担当からなされた。15分程度の打ち合わせであったが，実に効率的に運営されており，新任としての筆者の目には驚きと感心のみが先行して映り，メモを取ることもまともにできず，同学年の先生方に聞き返し確認することもたびたびあった。また，各月の初めの月曜日には，職員会議があった。協議する内容については，事前に印刷物が提案者から配られ，連絡事項も書かれた印刷物も加わり，机の上にはかなりの枚数が重ねて置かれていた。年度始まりの4月には，新たに決まった校務分掌主任から，前年度の計画を変えた案が出され，丁重に説明がなされる，普段とは別に設定された職員会議もあった。

　職員会議では，各学年の代表者が司会となり，協議や連絡が印刷物の内容を
もとになされるが，提案に対しては意見や話し合いもなされ，長時間にわたる
会議となった。ねらいや趣旨から始まり，具体的な実施計画や手順等に至るま
で詳細に書かれた各提案内容の文書から，教育に関わる職務の専門性や緻密さ
を知った。

　一方で，営業系の一般企業から転じた筆者は，なぜこのような会議が多いの
か，もっと効率的に会議が運営できないものかと思った。会議で重なりのある
ことが提案者から丁重に説明されていることもあり，協議する内容を焦点化す
れば，会議の回数や時間はもっと削減できるのにと，新任の筆者の目には映っ
た。また，会議室がありながら，職員室で会議を行うことについても，話し合
いや協議をする場としてふさわしいのか，集中して，相手と正体しての話し合
いや，やりとりをする環境を作るという面からも，素朴な疑問が残っていた。
この点は，手腕のある校長先生によって早晩のうちに会議室での実施へと改善
された。新任のとき，疑問に感じた会議の運営の仕方や精選については，その
後，職階が変わっても課題とし，改善へ向けた取り組みを継続した。

　新任として初めて勤務した学校では，よき校長先生に出会うことができ，数
多くの指導や助言などをいただいた。若くして，行政職から学校の現場の校長
として着任された方だった。大規模校への新任として一人だけ配属された筆者
に対し，「同じ1年生としてがんばりましょう」と声をかけてくださったこと
を，今でも鮮明に覚えている。

　民間企業の営業職として，会社を出れば自らの裁量に従って1日のスケジ
ュール管理や行き先も決めていた日常から，勤務時間や校時表に従い，職員室
から教室など限られた校地のなかでの生活に慣れるまでには，時間を要した。
勤務されている先生方は，みな当時の筆者より年上で，落ち着いて子どもたち
の指導にあたり，専門職としての威厳や風格もあり，気軽に声をかけられる状
況ではなかった。そのため，もっぱら同学年の先生方とのやりとりをするのが
精一杯であった。

　このようなとき，校長先生は職員室にいる筆者のところに来て，1日に1回

程度は声をかけてくださった。短い言葉ではあったが、筆者のことを眼中に置いて気遣ってくださっていることに気付くことができた。

　また、自らの判断で行ったことに対して、保護者が直接校長先生へ苦情を伝えるために来訪されたこともあった。筆者は校長室で経緯などを尋ねられた後、「これは議論すべきことではありません」と前置きされ、説諭された。なぜ保護者が直接校長先生へ苦情を申し立てたのかわからなかったが、校長先生の話に耳を傾け、指導を受けるなかで、本質などを知ることができた。

　このことを契機にして、その後の筆者は、学習指導や学校経営等の職務全般にわたり、学年主任の先生の了解を取って、校長先生の都合をうかがって、適宜校長室や職員室で校長先生に指導や助言を受けた。新たな職に就き、初めて出会った上司に恵まれ、以降の教職人生での礎や土台を築くことができた。言葉に言い表せないほどの、実り多き3年間となった。

法制度に見る園長や校長の立場

　学校教育法では、校長、教頭（副校長）などの職階や、それぞれの権限や職務内容が規定されている。条文や項目ごとに書かれている記述は、新たな職階などが生まれたときや、社会の動きや流れなどにより改正される。また、条文ごとの解釈なども、時流に合わせてさまざまな見方や考え方をもとに、多様性を呈している。

　校長の職務内容では、「校長は、校務をつかさどり、所属職員を監督する」と規定されている。校務とは、学校の仕事のすべてを指す。園務も、園の仕事のすべてである。一人しかいない校長や園長が、学校や園の仕事をすべてやることは不可能であり、園務分掌や校務分掌で手分けをして、所属の職員が行うことになる。園長や校長は、所属職員が行った職務に対して掌握し、責任を持つ立場にある。たとえば、園や学校から教育委員会へ提出される書類や、保護者宛に通知される文書等は、園長や校長が最終的に内容を確認して、提出や配布がなされる。

　園長や校長の職務が条文の内容に沿ってきちんと理解されていれば、一人ひ

とりの教職員も分掌担当者として提出する文書の字句訂正や表現等の訂正を園長や校長から求められたとき，組織の一員として，法的根拠に基づいたうえで，心にゆとりをもったなかで対応することができる。

　条文中の「監督する」については，所属職員を監視するのかという議論や，私生活にまでその範囲が及ぶのかということを耳にする。日本国憲法の三つの柱では，基本的人権の尊重が厳然として存在する。一人ひとりの人間に人権があるのは根本的原則であり，監視や私生活の議論は，人権尊重から考えることができる。園長や校長が所属職員の私生活まで監視することは，複数の所属職員を一人でどのように私生活に及ぶまで監督できるのかということではなく，基本的人権の尊重に基づいて判断されるべきことである。たとえば，所属職員がなんらかの事情により家庭内の問題をかかえ，遅刻や無断欠勤が続き，子どもたちへの日々の教育上支障が生じているとすれば，園長や校長は，当該の所属職員へ事情を聞くことや，必要に応じて指導や助言をするべきであろうか。これは，人権に配慮したうえで検討されるべきことである。

　園長や校長は，遅刻が始まった早期の段階で本人の様子について関知することや，声掛けや対話をすることができる。前兆なども含めて，「まさか」ではなく「もしかして」へと自分自身を切り替え，対応すべき立場にある。また，所属職員はまず専門職としての自覚を持ち，非違行為や触法にあたるかどうか考える前に，公序良俗の観点や，人としての道徳観，倫理観からも判断されるべきことである。

第5章　理解度テスト

以下の文を読んで，その記述が正しければ○，誤りであれば×をつけなさい。

□(1)　それぞれの家には「家風」があり，会社には「社風」があるように，園や学校にも同様の文化や風土があり，それらは園や学校の教育目標を達成する途上で生み出される目に見えない精神的なものと解される。

□(2)　園長や校長は，学校教育法によって「園務（校務）をつかさどり，所属職員を監督する」など職務内容が定められており，「園長や校長が代われば，園や学校は変わる」と言

われるように職場全体に及ぼす役割や影響は大きい。

□(3)　公立の園や学校に勤務する教職員は公務員であり，公務員としての自覚がもとめられるとともに，「義務」や「制限」のほか，「禁止」についても関係法規により定められている。

□(4)　園や学校の組織は，鍋蓋組織と言われるものと縦割りの職階制を取り入れたものがあるが，どのような組織に勤務しても自分は自分なので，自らの信念や考え方に従って教育一筋ですすみ，組織の一員としての自覚は不要である。

□(5)　園長や校長は所属職員の立場や状況をよく把握し，配慮したうえで指導や指示をすべきで，自らの職階上の地位を振りかざして相手の自尊心などを傷つけるような指示的，威圧的な対応は教育者として相応しいとは言えない。

コラム5
消えた職業から考える

　近くに幼稚園がなかった私は，子どもの足で歩いて15分ほどかかる，国道の脇にあったバスの停留所から路線バスに乗って，市の中心地にある幼稚園まで通っていた。昭和30年代の頃で，国道は舗装されておらず，砂利の敷かれた道であった。雨が降ると，車の轍には水たまりができ，乾燥した道路から車が通るたびに土埃が巻き上げられ，もうもうと煙のように立ち上がった。南から北にある市内に向かうバスは，現在のようなバスではなく，ボンネットが前方にあるバスで，私が乗る停留所の少し先にある杉並木の間を抜けてやってくる。大きな杉の木が立ち並ぶ遥か彼方に，小さく見えたバスが砂埃を上げながら徐々に大きく，はっきりと見えるのを確かめ，停留所で手を上げると，バスは停車して乗り込むことができた。

　当時のバスは，現在のような運転手がすべてを対応するワンマンバスの形式ではなく，運転手とは別に，女性の車掌が乗務していた。制服とベレー帽のような帽子を頭の横にかぶった車掌は，乗り込んできた人の行き先を尋ね，切符を手渡し，料金を首から下げたショルダーバックへ収めていた。車掌の業務はこれだけではなく，鉄道の通る踏み切りに来ると，その手前で停止したバスから降りて，踏み切りを通過する電車がないことを，左右を確認しながら運転手へ手で合図をして，また踏切を渡り，停止したバスに再び乗り込んできた。

　国道の通るこの踏切には，当時「踏切警手」と呼ばれる人が，踏み切りに面した小さな建物に始発から終電まで常駐し，遮断機の上げ下げを行っていた。街に自転車で出かける時は，私はこの警手の仕事を見ていた。上りと下りの線路が通るこの踏み切りに電車が近づいてくると，警手の常駐する小屋の中で「ブー」と言う連続したブザーが鳴り，この音を聞いた警手は，小屋からすぐに出て，踏み切りのそばにある黒くて丸いハンドルを回し，踏切を両側から遮断する黄色と黒のまだらな板のついたワイヤーを降ろす，という具合であった。

　踏切警手の仕事はこれだけではなく，上りや下りの電車が踏切を通過する際には白い旗を振り，電車の運転手に安全を伝え，最後尾の車掌が乗る車両が通過するまで振り続けていた。電車の運転手は警手に軽く手を上げ，最後尾の車掌も窓越しに手を振っていた姿を私は見ていた。当時の電車は，朝夕は1時間に4本程度，昼間や夜はその半分ほどであり，他にも電気機関車の引く貨物列車もたびたび通過して

いた。上下線を通過する電車や貨物列車の本数からすると，警手の仕事はつねに神経を張り詰めている状態が続き，大変な業務だったように思う。

　現在，私が幼稚園に通っていたころにあった停留所はなく，路線バスも廃止されている。その先にある踏切は，警報機が鳴り，自動で上り下りする遮断機が設置され，踏切警手の常駐した小屋も警手もいない。路線バスが発着していた駅へ行くと，わずか数路線を行き来する小型のバスがワンマンバスとして運行している程度である。

　社会の進展により，今まであった職業が消えている。これからは，人工知能（AI）が進化することにより，現在は人によってなされている仕事が代替され，「消えた職業」が増えるだろう。そして，それはかなりの短時間で進んでいくことが考えられる。加えて，今回の未曾有の新型コロナウイルス禍は，今まで脚光浴びていた職業に携わっていた人々が，需要がなくなることなどによって出向や待機状態にもなっている。

　その一方で，これをビジネスチャンスと考えて，ピンチをチャンスへと変えている人たちもいる。ダメだダメだと考えてしまうことや，諦めてしまえば，先はみえなくなってしまう。今が大変なのは，お互い様である。人間には知恵があり，英知もある。私は，今だからこそできることは何かを考え，日々を生きているところである。

第**6**章
発達障害を持つ子どもへの指導や支援

──── この章で学び，考えたいこと ────

　昨今の脳科学の発達や進歩によって人間の脳の仕組みや働きが究明されるなか，脳が人間の言動に及ぼす影響など，教育の分野での指導や支援に直接結びつく内容に関わる研究も進められる時代を迎えている。とくに，園や学校では，学習障害（LD），注意欠陥多動性障害（ADHD），自閉スペクトラム症などの発達障害により，強いこだわりを持つことや，集団のなかで友達とともに行動が難しい子どもなどへの指導や支援が求められている。

　また，園や学校では言動から発達障害の傾向がみられる子どもや，医師からこれらの障害があると診断された子どもなど在籍するなか，担任の先生が指導や支援に苦慮する日々を送っている現状もある。発達障害によるこだわりの態様や，奇声や器物損壊などのパニックを引き起こす原因なども一人ひとりがすべて異なるため，指導者はますます混迷の度合いを深めている現状がある。

　この章では，園や学校に勤務する中堅教員として，発達障害を持つ子どもに対する基本的な考え方や共感的理解のあり方について，事例をもとに考えていただきたい。さらに，さまざまな態様にある子どもたちに中堅教員の立場でどのような指導や支援をすることがよいのか，対処の仕方や技法から一歩踏み込んだ指導者としての生き方や理念について，この章の学習で明確にしていただきたい。

●事例6

　A幼稚園に勤務する勤務歴20年の中堅教員のA教諭は，年中組の担任である。この学級には医師から発達障害の疑いがあると診断されたC男が在籍している。C男は集団での活動中に動き回るうえに，席を勝手に離れて他の教室や園庭へ出歩くことを繰り返していた。また，それらの行動をただされると奇声を発することや，固まって身動きせずに1か所に留まることも多々みられる。

　そのようなC男に対して，A教諭は黙々と根気強く対応をしていた。動き回るC男の様子をじっと見守り，他の教室や園庭へ出歩いた時にはC男の後をすぐに追い，つねに近くに寄り添っていた。やがてC男は，A教諭の方をわずかにみるとA教諭の笑顔を確認し，また自分の教室に戻っていた。

　ある日，A教諭が研修会へ参加するため出張となったため，C男の在籍する学級を勤務歴5年目のB教諭が担当することとなった。C男はいつもと違って落ち着かず，教室から出ようとした。すると，B教諭はすぐにC男にそばに来て，C男の肩に手をかけ目をみながら，これからの予定や席に着くことを伝えた。C男は泣き叫び，B教諭の手を振りほどいて一目散に園庭へ飛び出していった。園庭に出た後も長時間にわたって泣き叫び，辺りにあった遊具を蹴飛ばし，パニックはしばらく続いていた。

1　発達障害を持つ子どもに対する指導者としての理解

　発達障害を持つ子どもへの指導や支援，対応について書かれた書籍は書店の本棚に多数並ぶだけでなく，学習障害（LD），注意欠陥多動性障害（ADHD），自閉スペクトラム症など，症例別に配置される専門書店もある。医師により発達障害の疑いがあると診断された子どもたちの言動や態様を園や学校の指導者が指導や支援をとおして見取ったとき，それぞれ診断された症状は一律でないうえに，障害が複合しているのではないかと迷うことなどもある。また症状ごとに示される対応の仕方や手順なども参考にはなるが，実際に発達障害を持つ子どもへの指導や支援を重ねると，「目安」にはなるが決め手にはならない現実がある。

　指導者として，一人ひとりの子どもたちへ自らの目や感性を駆使しながら見取ることを根気強く続け，次には症状に応じた指導や支援のあり方について自分なりに目標を持ち，日々の実践を継続していくことが求められる。

　この節では，発達障害を持つ子どもたち一人ひとりに対する共感的理解や肯定的な評価観に基づく指導や支援の素地について考える。テクニックではなく，最後は一人の指導者として人間性や度量が子どもたちへの対応で問われることを学んでいただきたい。

自らに重ね合わせて考えることの大切さ

　私たちの日常生活を考えたとき，例えば駅まで車で行き，電車に乗って出かける場面を想像していただきたい。出かける前には，少なくとも駅から乗る電車の発車時刻を調べてから車で駅までの所要時間やホームまで歩く時間などを計算して準備をする。ところが，車で家を出ると間もなく交通事故により道路が大渋滞を引き起こしていた。ここで誰しも思うことは，電車の発車時刻に間に合わないと考え，焦りや不安，心配も募る。その状態から，間に合うように別の道路へ進路変更をして駅に向かい，どうにか予定していた時刻の電車には間に合い，やれやれと安堵をする。そして，電車に乗った後は，道路が渋滞して大変だったなどと振り返り，しばらくすれば遙か過去のこととなり，やがて忘れてしまう。

　これと同じ場面に発達障害を持つ人が遭遇したとき，どのようになるのか考えていただきたい。まず，道路が大渋滞をしていることにより，駅に間に合うのかどうか，焦りや不安，心配を募らせる。この際に，先がみえないことにより不安をさらに高め，車に同乗している子どもであれば，車内で奇声や大声を発し，さらには窓ガラスをたたきシートを蹴るなどの行動に出る。焦り，不安などにより自分の言動が抑えられず，パニックを引き起こしているためである。さらに，渋滞を避けるために別の道を通ったとしよう。この子どもは次にどうなるであろうか。さらにパニックは激しさを増すこととなろう。いつもの駅に向かう道路と異なる経路になり，自分の予定していた普段の道路でなくなった

ために本人が大混乱をしているのである。いつも通る道路に強い「こだわり」を持ち，予告なしに別の道路を通ったため，心の整理がつかずに大混乱を起こしているとも言える。

　私たちは，道路が渋滞すれば別の道路で迂回するなど「臨機応変」に対処し，焦りや心配，不安も一時は持つものの，電車に乗った後には，今日は大変だったなと思いつつさらりと流して「切り換える」。ところが，発達障害を持つ人たちは，「臨機応変」と「切り換える」ことなどが難しい。また，焦りや心配，不安の気持ちを持ち続けるだけでなく，高めていく。自分自身の強い「こだわり」もある。

　みなさんは，この子どもをとおして何を感じるであろうか。人が誰しも持つ感情や心の動きを自分自身で制御（コントロール）できないことが，発達障害の一つのあらわれであるように感じるかもしれない。また，子どもたちの指導や支援では，「臨機応変」や「切り換え」を求められる場面で，あらかじめ指導や支援の準備をして，本人にわかるように，納得や理解できるように対応することなども思い浮かんでくるであろう。

　さらに，指導者として共感的理解や肯定的評価観の素地として，人ならば誰しも起こることにうまく対処できないという発達障害についての見方や考え方による理解もできることであろう。

身近な事例から児童理解のあり方を考える

　多くの園や学校では，歯科医による「歯科衛生講話」や歯磨き指導などを行っている。歯科医からは「歯を磨く順序を決めて，毎日磨くとよい」と，子どもたちへ歯の模型を使っていねいに説明される。磨く順序を決めておけば，磨き残しがなくなり，毎日磨くことでその習慣が身に付くとのことである。

　子どもたちは，朝，昼，晩の歯磨きの習慣が身に付いたとき，たとえば出先などで歯ブラシもないために食後の歯磨きができない場合もある。そのとき，子どもたちは「後で磨けばいいや」「一回くらい磨かなくてもむし歯にはならないから大丈夫だろう」などと考え，自分なりに考えて柔軟に対応することが

できる。

　ところが発達障害を持つ子どもたちはこの部分がうまく対応できない場合が多く見られる。たとえば，園や学校で昼食後に歯磨きをしている場面を想像していただきたい。みなでそろって歯磨きをしているとき，発達障害を持つ子どもが急に奇声を発したり身動きを止めてその場で動かなくなったりしたとしよう。中堅教員の先生方なら，なぜそのようになったのか大体の察しはつくはずである。

　歯磨きをしているとき，歯科医師から歯を磨く順番の指導を受け，それに従って自分なりに決めた順序で磨いている途中で，何らかのことが起こったために混乱を生じているのであろう。隣の子どもが歯磨きの邪魔をして磨く順序がわからなくなって混乱していることなど，定まった手順や方向が乱されていることも考えられる。発達障害により強いこだわりがあるので，「まあ，いいか」と考えることや，順序などどうでもよいと考えてまた磨き続けるという柔軟な対応ができず，結果として混乱をきたしパニックに陥るのであろう。

　みなさんが同様にこの歯磨きの場面に自らを置いて考えるとどうであろう。順序を決めて歯磨きをしている途中，隣から歯磨きを邪魔されただけでも気分はよくないであろう。また，どこまでを磨いていたのかを思い出すだけでも面倒であり，邪魔されなければこんなことにならずに済んだのにという思いを持つかもしれない。このときに自分が強いこだわりを持っていたならどのようになるのであろうか。少なくとも臨機応変に柔軟にその場を切り抜け，やり過ごすことはできないであろう。外に不満をぶつけるのなら邪魔をした相手に暴言や暴力をふるい，内に不満を向けるのなら泣き叫ぶことや石のように固まって動かなくなってしまうのではないだろうか。

　発達障害を持つ子どもの気持ちに寄り添って，自分をその子どもに置き換えながら日々の実践を繰り返すことによって児童理解を深めることができ，その子どもに合った指導や支援についてもより明確になる。人は誰でも「こだわり」や一定の「習慣」「順序」を持ちながら，日々の仕事や生活をしている。これらを突然，意味や説明もなく遮られて否定されれば，不快にもなり嫌悪感

も持つ。これらのことも念頭に置いて，中堅教員として発達障害を持つ子どもたちの理解や指導支援にあたってみてはいかがであろうか。

言動やパニックには必ず原因がある

　園や学校の指導者として，発達障害を持つ子どもたちの指導や支援にあたるなかでの一番の関心事は，奇声や器物損壊などに及ぶパニックへの対応であろう。できれば，事前にパニックの予兆を本人の言動などから把握し，起こす前に対応をしたいと考えるはずである。軽度の発達障害を持つ子どもの場合には予兆をみながらパニックが起こる前に対応ができる場合が多いが，深刻な発達障害を持つ子どもの場合には，困難をきわめるのが現状であろう。

　指導者にとって「ええっ，なんでぇ」と思わず驚きの言葉が出る，突然の奇声や器物損壊などの行為のことを考えたい。発達障害を持つ子どもは，急にそわそわすることや眉間にしわを寄せる表情，ぶつぶつと喃語を発することなどからパニックの予兆を読み取ることができる場合が多い。また，障害の特性でもある定まった儀式のような行動やこだわりが個々の子どもに顕著にみられるので，指導者としてそれらを見取って，順序を尊重し，遮らないことなどをとおして対応をしていることであろう。このようなことから，軽度の発達障害を持つ子どもの場合にはパニックに至る前に対処，対応はできる場合が多いようである。

　ところが，深刻な発達障害を持つ子どもの場合には，園や学校の指導者は苦慮の連続となる。そのような子どもの大きな特徴は，パニックに至る前の兆しを見取ることがほとんど困難な状態にあることである。表情ひとつ変えずに，突然辺りにあった器物などを投げる，倒す，破壊することや，突然奇声を発してガラス窓などを蹴破ることなども行われる。

　突然の暴挙を目の当たりにして，多くの指導者は驚くとともになぜだろうと思うであろう。このことも，中堅教員の先生方にとっては再び自分自身を子どもたちに置き換え，自身を振り返ることで興味深いことがわかるであろう。

　園や学校で子どもたちに指導や支援をしているとき，あることをきっかけに

して突然，過去の記憶が蘇ることはないだろうか。たとえば，園の遊具を使って活動している子どもへ声をかけている午前の昼近くの時間，急に数年前に貧血を起こして遊具から真っ逆さまに落ちた子どもの様子を突然思い起こす，といったふうに。自分にとって大変だった体験や不安が高まったことなどを，人は同じような状況が重なったとき，ふと思い出すことがある。これらは「フラッシュバック」と呼ばれる心の働きである。

　指導者であれば，フラッシュバックが起こったとしても自分自身で制御し，心を落ち着かせ，その後も子どもたちへ指導や支援を続けることができる。ところが，発達障害を持つ子どもが急にフラッシュバックを起こしたときには，どのようになるのであろうか。今までに体験した嫌な思い出が一気に思い出され，あっという間にパニックを引き起こすこととなるようである。周囲の人々にとっては，急なパニックに当惑させられる。パニックから本人が落ち着きを取り戻したとき，事情を聞いても明確な答えは得られず，園や学校ではこれからどのような対応をすればよいのか，さらなる混迷を深めることも多い。

　また，発達障害を持つ子どもが急に引き起こすフラッシュバックによるパニックは予兆がないために，事前に対処することは難しい。起こしてしまったパニックにより，本人がけがをすることがないようにすることや身の安全を確保することが先決となろう。同時に園や学校では，これらの子どもの保護者とは常日頃，報告・連絡・相談の態勢をつくり，情報を交換することによって，ときにはパニックの予兆を把握し，事前の対応ができることもあろう。

　発達障害を持つ本人にしか原因のわからないフラッシュバックによる突然のパニックは，予兆もないのでどうにもならないのであろうか。一人ひとりの子どもの態様はすべて異なるので，園や学校の指導者は，「言動にはすべて理由があること」を念頭に日々の子どもへの指導や支援をとおして，まだまだ解明する余地があるはずである。

2 事例 6 より：発達障害を持つ子どもへの支援や対応を考える

　事例に登場するＣ男は，医師から発達障害の疑いがあると診断をされている子どもである。集団での活動では，１か所に留まることができないうえに，勝手に席を離れて園内の他の場所を徘徊する。それらの言動を指導者から正されると奇声を発し，１か所に留まり動かない状態になる。このような軽度の発達障害を持つ子どもは，ほとんどの園や学校に在籍しているであろう。

　この学級を担任する在職20年目のＡ教諭は，中堅教員としてＣ男を一斉指導のなかでもつねに注意をはらいながら見守り，園内での徘徊が始まったときには，間髪を入れずに本人に寄り添っている。落ち着かないＣ男ではあるが中堅教員の先生とはよき信頼関係ができていることが，教室に戻る際の様子から見て取ることができる。

　一方，Ａ教諭の出張時に担任に代わって指導にあたった在職５年のＢ教諭は，Ｃ男が徘徊を始めたとわかるやいなや制止をし，結果としてＣ男はパニックを引き起こし園庭に飛び出し，泣き叫ぶ結果となった。

　みなさんはこの事例を一読したとき，何が課題としてあるのか，いくつかの疑問が湧いたことであろう。中堅教員と経験の浅い教員とのＣ男に対する対応の違いは誰しも気付くことであるが，その他にも組織としての問題点が陰に潜んでいるようである。

　園や学校で発達障害を持つ子どもへの指導や支援をどのように行えばよいのか。この節では，組織として対応を中心に課題解決に向け，何を，どのようにするのか，中堅教員の立場で考え，今後に向けての対応を構想していただきたい。

複数の指導者による対応が原則

　担任一人だけでＣ男の対応ができるのであろうか。みなさんはどのように考えるであろう。発達障害により１か所に留まることができないうえに，意の赴

くままあちこちに徘徊をする子どもには，担任に加えてもう一人の指導者による指導や支援が必要である。

　Ｃ男を追って担任の先生が教室からいなくなったとき，教室には子どもたちだけになる。それが，わずかな時間であったとしても，残された子どもたちは担任がいないなかで過ごすこととなる。担任の指導下でなくなり，不測の事態が起こったときには対応ができない状態になるなど，非常に危険である。

　Ｃ男を専門に指導や支援をする指導者を配置し，中堅教員の担任が落ち着いて他の多くの子どもへ専念できるようにする必要がある。昨今は，発達障害を持つ子どもに対する指導や支援ができるように，国や地方公共団体による財政面での措置も行われているため，園長や校長は早めに手を打ち，担任の負担を軽減させることから始めることが大切であろう。

　また，複数の教員による指導や支援により，発達障害のあるＣ男は学習を通して徐々に徘徊の回数も減ることや，パニックの発生が少なくなることも期待できる。改善されれば，一方の指導者はＣ男の指導や支援に加えて学級の子どもたちの指導や支援にも力を注ぐことができ，学級全体を高めることにも結びつくであろう。

「対岸の火事」状態でなく，「組織対応」で

　発達障害を持つ子どもが在籍するなか，中堅教員が担任として日々さまざまな配慮をしながら指導や支援を重ね，周囲の教員から「大変ね」「大丈夫」などと声をかけてもらえることは温かい職場として好ましい風景である。しかし，こうした言葉をかけているだけでよいのだろうか。

　やはり，園や学校のすべての職員でＣ男の指導や支援にあたるべきである。徘徊をすることやパニックを起こすことについてすべての職員で対応しなければ，Ｃ男の命に影響を及ぼすことや，他の子どもがけがをするなどの不測の事態を引き起こすことに必ずなる。いつでもどこでも，すべての職員がすぐにＣ男の対応にあたることができるような態勢を整えることは，園長や校長の大きな仕事である。

また，指導者として発達障害を持つ子どもを担任することを前提にして，園や学校の指導態勢を整えることもできよう。発達障害を持つ子どもが在籍する学級の担任と「交換授業」などは，時間割を組む段階で少々工夫すればすぐにできることである。労をねぎらう言葉や共感する温かな言葉以上に，共通の実践ができるうえで価値のあることであろう。C男は交換授業で指導者が代わるなかで，A教諭に匹敵する先生に出会えることや，多くの先生方から指導や支援を受けるなかで，C男のよさや可能性が見出されることも出てくるであろう。

発達障害を持つ子どもは指導者の本質を見抜いている

　事例を一読する限り，A教諭とB教諭の違いは，C男との信頼関係の有無や技法や手順などでは通用しないこととなろう。たとえば，どのような手順を駆使したとしても，一見するとその場を体裁よくおさまったようであっても本質は変わらない場合が多々みられる。発達障害を治すことは困難であるが，改善をし，緩和をすることは可能であろう。それができるのは，教育の専門機関としての園や学校であろう。

　この事例で5年目のB教諭がC男に対して行ったことは，発達障害を持つ子どもに対して広く知られている対応である。しかし，全くC男には通用していない。なぜならば，それは万能ではないうえに，その場しのぎの「対症療法」の一部でしかないためであろう。

　C男が中堅教員のA教諭に信頼を寄せている根拠は何か。自分のことを心配し，見守る先生の本心や気持ちを察しているからであろう。障害を持つ人は子どもでも大人でも鋭敏な感覚や感性で指導者をみていることは肝に銘じるべきことであろう。

3　さらに考え，深く学ぶために

園長や校長として

　発達障害の疑いがあると医師から診断を受けたとき，保護者である親は今ま

での我が子の言動を振り返り，関連書籍などに目を通して予備知識を持っていたとしても，心中は穏やかであるはずがない。これから先の子どもの行く末等についても考え，親としてどのように対処していくのかなど，複雑な心境になる。

　園や学校へ入園，入学する時，両親ともに医師の診断を受け入れている場合と，両親の双方や一方が受け入れていない場合もある。筆者の経験では，子どもの養育に関わる機会や時間の多い母親は受け入れ，父親は受け入れていないことが多かった。園長や校長は，就学や就園の前に両親の受け入れの状況について情報を集めるとともに，保護者と面談をすることによって，これらの状況を見極めることが必要である。園や学校が当該の子どもを受け入れたとき，ほかの子どもと共通の基盤に立って指導や支援ができるのかどうか，大きな分岐点になるためである。

　また，ADHDや自閉スペクトラム症など，発達障害に関する医師の診断結果を知ることは大切であるが，パニック障害を引き起こすのか否かについても，確実に把握することが求められる。自らの思いや願いが通らないことや，定型の行動や儀式が何らかの理由で阻止されたとき，内に向かって石のように固まって動かなくなるような場合とは異なり，器物の損壊や，刃物を振り回すなど，外に向かって攻撃的な状況となるパニック障害は最も注意すべきことでもある。パニックになると，本人は周囲の状況を把握したり，冷静な判断がつかなくなったり，感情も高ぶった状態になる。

　熱湯を浴びて火傷を負う，ガラスの扉を蹴破って破片で動脈を切る，高圧電流の流れる変電所のキュービクルに触れて感電するなど，生命にかかわる重篤な状況を引き起こす場や施設は，園や学校に点在している。園長や校長は，定期的になされている園内や校内の施設設備の安全点検で，不測の事態に備えて，生命の危機に直接つながる箇所について，とくに慎重に点検されるよう所属職員へ働きかけることが大切である。また，パニックを引き起こしたときは，全職員で対応できるよう，職員会議などで常日頃から周知させておくことも必要である。

パニック障害のある子どもへ寄り添って

　外へ向けた攻撃的なパニック障害を起こす発達障害の疑いのある子どもに対しては，全職員で対応することが求められる。「体制」を作るレベルから，即応できる「態勢」を園や学校で作り，備えることが大切である。「体制」は組織としての仕組みであるのに対して，「態勢」はある目的のために意図的に作られた仕組みという意味がある。

　パニック障害を引き起こした子どもは，自分自身で制御ができない状況になり，大声を出したり，泣き叫んだりしながら，周囲の器物を損壊することや，周囲に置かれたものを手当たり次第払いのけるなど，その対応はさまざまである。高揚した感情はなかなか平静に戻らず，時間を要する。パニックを起こした子どもに対しては，本人の安全確保に努め，複数人で落ち着かせる対応が必要になる。

　筆者が校長として勤務した学校では，発達障害の疑いがあると医師から診断されたパニック障害を持つ子どもへの支援として，その予兆がみられた段階で担任がインターホンで職員室へ連絡をして，職員室に在室する複数の職員が教室へ急行するという態勢をとっていた。教室内でパニックを起こしたときにも，同様の支援態勢をとって対応した。

　パニックを起こした子どもは，複数の職員で校長室へ連れてくることとして，その後は筆者自身が対応した。校長室でも興奮が続くことが多くあり，顔色は蒼白から真っ赤に目まぐるしく変化する。安全確保のために体を抑えていると，手足をバタバタさせ，唾を吐きかけられることもあった。パニックを起こしているときには，どのような言葉をかけても理解されることはなく，黙って本人に寄り添い，落ち着くまで待った。パニックが治まると，全身の力が抜け，今まで視線の定まらなかった眼差しは次第に正視できる状態になる。

　本人が落ち着きを取り戻した後には，校長室にある草花が植えられた鉢へ，ジョウロで水をやる作業をお願いすると，快く笑顔で引き受けてくれた。パニックを起こしたとき，制御が効かなくなり，感情が高揚したなかで，意識があるのかないのか筆者にはわからなかったが，草花をみることや，水をやって世

話をすることをとおして，場や人に対する認識を和らげることを，筆者なりに配慮した。その後も，月に1回程度，校長室へ安全確保のために受け入れることが続いたが，徐々にパニックの状態も短時間になるなど，改善されてきた。パニックが収まった後には，自ら進んで草花の鉢へ水をやって教室へ戻るようになった。

　パニック障害を引き起こすきっかけについては，定型の行動様式や，本人が思い描いていたとおりに物事が進まず，本人の意思に反する状態になったときなどに起因することが，担任との話し合いなどでわかった。また，前兆として，この子どもの場合には教室内の隅にある清掃用具を収納するロッカーの上に突然駆け上がり，その上で大声や奇声を発する行動をとっていた。この際，担任がロッカーから降りるように強く促せば促すほど，以降のパニックの状況は深刻になることもわかった。これらのことについては，朝の打ち合わせや職員会議の折に，担任より全職員へ伝えられ，いつでもどこでもすぐに全職員で対応できるように備えた。

　前兆や予兆になることが，周囲の職員には全く気付かれず，わからないなかで突然パニックを起こす子どもに対しては，まず本人の安全確保をした後，興奮状態が落ち着くのを待った。校長室で，本人へ寄り添って「大変だね」と何度も声かけをしながら，落ち着くのを待つことを繰り返した。これらの経験から，過去に自らの身の上に起こった嫌な体験を急に思い出し，それを引き金として，急にパニックを引き起こすのではないかと推測することができる。このあたりは，パニックを起こした本人でない限り，わからないことなのであろう。

「適正な就学」とは

　園や学校で育ち，学ぶ子どもたちは，次代を担うかけがえのない人材である。子どもたちは，保護者の養育のもとで，さまざまな家庭環境で育てられた後，就園・就学年齢となり，入園，入学する。一人ひとりの子どもの養育の程度や育ちについては十人十色で，一人ひとりが一律ではなく，みな違う。園や学校は，そのような子どもたちが通園，通学する，保育や教育の専門機関である。

思い思いの活動や個に応じた指導の中で，個としての育ちや学びを通して伸びていくだけではなく，決まりや約束を守ること，人に迷惑をかけないことなどを集団のなかで学び，身に付けていく。とくに級友との関わりは，園や学校での生活のなかで，自我の芽生えや人格形成の土台を作るうえで大きな役割を果たしている。発達障害の疑いがあると医師から診断され，パニック障害を引き起こすこともあった子どもは，学級の一員として学び，学級の子どもたちにとっては級友でもあり，同級生でもある。学級内で本人がパニック障害を起こし，大声や奇声を発し，周辺にある机や椅子などを蹴飛ばし，授業が中断することもあった。このような状況にあっても，子どもたちは冷静に本人を見守っており，パニックを起こしていることを非難するような言動をとる子どもはいなかった。教室の時計をみながら，「もうそろそろ落ち着くよ」とつぶやく子どももいたと，担任から耳にしたこともあった。

　このように，温かく本人を見守る一面もあったが，みんなで守っていた決まりを破ったときや，清掃などをやらずにサボったときには，厳しく叱責する言葉も出ており，例外は認めない子ども同士のやりとりがみられた。しかし，学習活動のなかでは，本人がこだわりをもって続けていることに対しては，中断させるような言動をとる同級生はいなかった，とのことであった。

　筆者は教員の時代に，さまざまな疾病から身体的にハンディを負った子どもや，心に起因する障害があると医師の診断を受けた子どもなどを普通学級で受けもってきた。障害のあることには配慮し，あとは学年や学級のなかで本人がのびのびと学び，多くの級友などと関わり，楽しく，充実した学校生活を送れるよう願っていた。学級の子どもたちも，本人ができないことは手伝っていたが，特別に助けをしたり，過度に思いやったりすることなく，一人の級友としてともに学校生活を送っていた。

　「適正就学」は，子どもたちが適正に就学することを意味する言葉である。適性についてさらに深く考えると，難しい言葉であると感じる。さまざまな障害を持つ子どもたちは，障害の態様も軽重などの度合いも，一人ひとりがすべて異なっている。学校教育法第1条に示される「1条校」と呼ばれる学校のど

こで学ぶことが，障害などをもつ子どもたちにとって最もよいのか，医師の診断や親権を有する保護者の希望などをもとに判断されることになる。園や学校は，教育支援委員会などの会議を経て就学先が決められた場合には，受け入れることが求められる。

第6章　理解度テスト

以下の文を読んで，その記述が正しければ○，誤りであれば×をつけなさい。

□(1)　昨今は，脳科学の発達により，学習障害（LD），注意欠陥多動性障害（ADHD），自閉スペクトラム症などの発達障害を持つ子どもたちの存在が明らかにされるなか，園や学校には在籍していないので知識として心得る程度でよい。

□(2)　発達障害を持つ子どもたちは，強い「こだわり」をもっているため，自分なりに決められている順序や定型を乱されると臨機応変な対応ができなくなり，混乱を生じ，さらに不安や心配が加わるとパニックを引き起こすこともある。

□(3)　中堅教員の先生方は，さまざまな体験をとおして豊かな教育に関する識見もあるので，発達障害を持つ子どもに対して一人で担任として対応することが大切であり，複数の指導者による指導や支援の態勢はかえって負担になる。

□(4)　発達障害を持つ子どもたちのことを理解するうえで，自らを相手の立場に置き換えて考えると不安や焦り，心配などの気持ちがわかるだけでなく，切り替えや臨機応変な対応などができない障害があることに気付くことができる。

□(5)　発達障害を持つ子どもたちに対する症状別の対処方法を理解することだけでなく，一人ひとりの子どもたちの持つ態様を指導者としてさまざまな実践を通して理解し，温かな人と人との信頼関係をつくって指導や支援にあたることが大切である。

コラム6
豊かな自然に助けられたこと

　営業の仕事をしていた私は，入社して数か月間は細々であったが注文を取ること
もでき，なんとか首をつないでいた。ところが，夏が終わり，秋になる頃には，顧
客と会って商談してもまったく発注を受けることがなくなり，焦るばかりで空回り
していた。加えて，時間があってないような当時の不規則な勤務時間のなかで，心
身ともに疲労やストレスなどの影響を受け，体重も減り，食事を摂っても不味く感
じ，床に就いてもうつらうつらしたままで，熟睡できない状態になっていた。

　人の常であるが，すべての責任は自分にあるということはわかっていても，私は
ほかへ責任転嫁をした。私と相性の合う顧客に恵まれていないから，会社の上司が
自分に的確なアドバイスなどができないから，そんなことが頭をよぎった。また，
自分は営業に向いていないのではないか，自分の適性に合った，もっと別の会社や
職業があるのではないかなど，仕事も満足にできない自分を忘れて，逃避するよう
なことを考えていた。

　ある秋の日，私は早々に会社を出て，思うようにいかなくて悶々とするなかで，
顧客のところへ出かけた。電車を乗り継いで1時間半ほどかかり，目的地の駅で下
車した。間の悪いことに，地方の駅だったため私が電車を降りた直前に路線バスが
発車してしまい，停留所の時刻表を見ると次のバスまで1時間と少々あることがわ
かった。なにもない駅でずっと次のバスを待つのももったいないと考えた私は，時
間もゆとりもあるなか，目的地まで歩いていくことにした。

　駅を出てしばらく歩くと，延々と田んぼが続いていた。稲は実をつけた稲穂がや
や黄色くなり，時々吹く風に揺れていた。どこまでも続く稲田を遠くまで眺めてい
ると，風が吹くたびに黄色の稲穂が波を打ったように次々に揺れ，さざ波のように
目に映った。私はしばらく立ち止まり，風になびく稲穂と，風が運ぶ稲穂の香りに
心地よさを感じていた。

　稲田を眺めて歩いている農道の脇には，幅が3メートルほどの小川とも用水路と
も判断の難しい川が流れていた。護岸工事もされていない両岸には葦が連なってお
り，流れる水は透き通り，流れの中央にはところどころに緑色をした水草が流れに
沿ってゆらゆらしている様子が見えた。魚釣りの好きな私は，この様子を見るやす
ぐに魚がかなりいることを直感した。

　予想どおり，目を凝らして水面を眺めているとところどころに魚が見え，30セン
チ近い魚が群れて流れの中を行き来している姿も目にした。私の故郷ではすでに見
ることのできない自然の営みを目の当たりにして，まだ手付かずの状態で残されて
いる川の様子に驚き，自らの幼少時代の原風景と重ね合わせて，まさに心が洗われ
るような気持ちになった。

　稲田と川の流れを見ながらしばらく歩き，顧客のところへ着いた。少々時間をか
けて商談を進めると，思いのほかうまくまとまり，首尾よく注文を受けることがで
きた。長かったトンネルをどうにか抜け出すことができた瞬間であった。その後は，
順調に仕事を進めることができた。

　駅から目的地まで歩くなかで見た自然の姿で，私の気持ちは安らぎ，清々したな
かで，忘れかけていた笑顔や，相手に安心感や信頼感を醸し出すことができるよう
な言動がとれたことが，商談成立の大きなきっかけになったように思う。

　心身ともに疲れてしまったときや，行き詰まってしまったときは，やはり，自然
の中へ一時身を置くと，新たな局面を構想することや，展望することもできるよう
になると，自らの体験を通して実感した。

第 7 章
危機管理を求められる時代を迎えて

───── この章で学び，考えたいこと ─────

　園や学校は教育の専門機関であるとともに，子どもたちの安全が確保されたなかで教育活動がなされなければならない。東日本大震災が起こった折には，津波により園や学校で学んでいた子どもたちの的確な避難がなされたかどうかにより，生死を分けた現実も明らかになっている。園や学校の施設や設備の安全確保だけでなく，天災や不測の事態にも子どもたちの命が守られるよう，幅広い観点から「危機管理」が求められる時代となっている。

　「危機管理」の基本は，起こりそうなことをあらかじめ予測して，前もって対応や対策を具体化させて不測の事態に備えることである。また，基本となる意識として，最悪の事態を想定して考えることや，「まさか」でなく「もしかして」という思考をすることも大切なこととして注目されている。

　この章では，さまざまな事例や今後起こりうることなどをもとに，園や学校に勤務する中堅教員として何をどのようにするのかを考えることを通して，「危機管理」について幅広く理解していただきたい。また，園や学校の中堅教員として子どもたちの指導や支援にあたるなかで，先をみることや，予測や予想を立てながら安全を確保できるような意識や実践をする力を高めていただきたい。人の命を守るために，まず「危機管理」を徹底することをお願いしたい。

　A幼稚園では，毎年秋になると隣町にある公園へバスを使って遠足に出かけていた。遠足で出かけるこの公園には，休憩場所やトイレなども整備されているうえに数多くの木陰があり，小高い丘の下には川も流れていた。

　この幼稚園に勤務する中堅教員のA教諭は，遠足で出かける公園に同僚の年長組の担任2人とともに事前の下見に出かけた。子どもたちが休憩をする場所やトイレ，洗面所を3人で一緒に確認し，バスの駐車場では子どもたちの安全確保のために他の車の様子なども確かめてきた。

　いよいよ遠足の当日を迎え，バスは年長組の子どもたちを乗せて，やがて目的地の公園に到着した。中堅教員のA教諭は，まず子どもたちを広場に集合させ，集合場所や休憩所，トイレの場所などを一つひとつ確認しながら子どもたちに伝え，しばらくして担任との公園内での活動が始まった。

　その後，学級ごとの活動を終え，子どもたちが集合場所へ揃った。中堅教員のA教諭が子どもたちに次の予定を話すと，多くの子どもたちが落ち着かず，しきりに顔や腕を掻いていた。話を止めて確認をすると，子どもたちが毛虫に刺されていた。また，数人の子どもが見当たらず，別の担任が丘の下を見ると川原で遊んでいる姿が目に飛び込んできた。まさか，あそこまでと思いつつ，担任はすぐに急流のそばにいた子どもたちのもとにかけより，事なきを得た。急流が渦を巻いて流れる川をみて，担任は血の気が引いた。

1　「危機管理」に関する基本的な考え方

　園や学校では，学舎で子どもたちがさまざまな学習活動を行っている。また，遠足や修学旅行など，園や学校の外に出て体験学習なども活発に行っている。これらの学習や活動では，生きている子どもたちゆえに，けがなどの危険や，うかがい知ることのできない不測の事態も起こる。そのため，事前に起こりそうな事態を予想して準備をしておくことや，起こってしまったときに被害を最小限に留め，それ以上被害が広がらないようにするなどの「危機管理」の考え方が求められる時代になっている。

　ここでは，身近に起こりうる事例を数多く取り上げながら，「危機管理」について，そしてそれに対して従来の園や学校の対応では難しい局面を迎えている現実について，中堅教員の立場で理解を深めていただきたい。

　また，「危機管理」を意識するあまり，園や学校で行われている教育活動が慎重になり，つねに不安や心配を抱えて萎縮した活動となるのでは，まさに本末転倒である。どれだけ慎重になったとしても，石橋を叩いて渡るようなやり繰りをしても，天変地異や不測の事態はいつでも，どこでも起こることを心得ることも指導者として忘れてはならないであろう。

「まさか」でなく「もしかして」は基本中の基本

　日本語では，「まさか」という言葉の次には，「〜ない」などの打ち消しの言葉や文章が連なる。全く予想すらしなかったことが起こったときに使われる言葉でもある。一方，「もしかして」はどうだろうか。この言葉に連なる言葉や文章は，「〜だろう」「〜かもしれない」などの推し量る内容となる。打ち消しではなく，あるだろう，起こるだろうということになる。

　東日本大震災を振り返ると，津波による天災と原子力発電所の放射能漏れという人災により，未曽有の事態が起こった。これらの天災や人災の折に，「想定外」という言葉が数多く使われていた。あらかじめ予想していた事態を超える，思いもよらぬ事態という意味なのであろう。本当にそうなのであろうか。地震や津波は，現在の人の知恵では予測ができないだけのことであり，原発の放射能漏れも人の知恵を超えるものであったと考えることもできよう。

　多くの人の根底にあったのは，「まさか，地震や津波は来ないだろう」と考え，「まさか，原発の放射能漏れはありえないだろう」と判断していたのであろう。それらの結果が，今なお大きな禍根として続いている現実もある。

　ふだんは穏やかな海や豊かな水産物，美しい景観に恵まれた東北地方だけに，なかなか「もしかして」ということまで考え及ばなかったのであろうが，天災はいつでも，どこでも起こりうるという教訓が私たちに残されたのである。読者のみなさんにも，2011（平成23）年3月11日に起こった東日本大震災をいず

れかの場所で身をもって体験された方がおられようが，「危機管理」の基本と
しての「まさか」でない「もしかして」の意味について十分に理解していただ
けるものと思う。

　園や学校も同様に，いつ，何が，どのように突然起こるのか全くわからない
なかで，「もしかして」という意識や備えをもって対応することが大切である。
起こることを前提に考えていれば，起こったときにはゆとりや落ち着きを持っ
て対応することができ，「備えあれば，憂いなし」となろう。

予測や予知をする力を高める

　車を運転するときに，「先を読んで」どのような運転に努めるであろうか。
車の運転中に，突然車の前をドッジボール用のボールが転がってきたとき，ど
のように対応するであろうか。まず，ブレーキを踏んで速度を落とし，次を予
想するはずである。ボールを追って辺りを見ずに飛び出してくる子どもの姿を
とっさに予想し，対処することとなろう。これにより，ボールに続いて子ども
が飛び出しても，はねることもなく対処でき，子どもが来なければ安全を確認
して通過もできる。

　また，交差点で右折をするときに，ハンドルはどのように操作するだろうか。
真っ直ぐにせず，右にハンドルを切り込んで交差点中央付近で待っていたとす
れば，どのようなことになるのか。もし，自分の車が後続車に追突されたなら
ば，次には何が起きるのか。対向車線に押し出されて，対向車と正面衝突をす
ることとなる。ハンドルを真っ直ぐにして交差点で待っていれば，少なくとも
後続車に追突をされたとしても，対向車との正面衝突は回避できるだろう。

　このような車を運転するときの基本的な予測や予知を繰り返していれば，自
らが勤務する園や学校の近くや駐車場など，子どもたちがいつ飛び出してくる
のかわからない場所では自ずと細心の注意がはらわれ，人身事故は未然に防ぐ
ことができる。

　園や学校の教育と異なる話題を例示として取り上げたが，子どもたちの安全
の確保をする際にも，先を読む，次を予測するといった考え方は共通すること

である。日頃の積み重ねにより，「もしかして」という意識をつねに持ちながら，自分なりの予測や予知に関する能力や感性を高めることが大切であろう。

園や学校は安全な場所という社会的な認識

　園や学校で起こった子どもが関わる事故では，過失の度合いや賠償をめぐって裁判になる事例も多い。昨今は，事故が起こった原因や対応について，子どもの保護者への時系列に沿った説明やあらましが不明確なため，保護者が園や学校を相手取って訴訟を起こすことも特別なことではない時代となっている。

　これらの訴訟によって争われた裁判が賠償金の支払いなどで和解し，結審すると，今までの被告と原告との主張や判決などがまとめられ，判例として公にされる。子どもたちが園や学校でけがをした際に起こる訴訟に対する判決をみると，共通した認識や判断がなされている。

　それは，園や学校は「安全な場所である」ということが前提となっていることである。その根拠として，園や学校の施設や設備は常日頃から安全点検がなされており，安全は確保されていると考えられるためである。月に一度の施設や設備の定期点検を全職員で担当箇所を決めて目視や触診によって点検しているほか，つねに危険な箇所がないように全職員で心に留め，早期発見と迅速な処置に努めているであろう。

　中堅教員として，これらの判例にみられる園や学校の施設や設備の安全確保について，深い意味や社会的な認識にあることを再確認する必要があろう。

最悪の事態を想定して備える

　「危機管理」のなかでは，最悪の事態を想定したうえでの対応が求められている。なぜ，最悪の事態を想定するのであろうか。園や学校で起こりうる事故は子どもたちに関わることとなるが，最悪の事態とは生命の危機に結びつくことである。

　たとえば大阪教育大学附属池田小学校で起こった，不審者により子どもが命を絶たれた事件があった。日本中の園や学校にとっては衝撃的な事件であり，

以降は防犯カメラの設置や防御するための刺股を備えるほか，不審者の侵入に備えた避難訓練などもなされるようになった。

　全く予知や予測ができないなかでの「危機管理」についても，この事件をきっかけとして，起こりうる最悪の状況を想定しての対応策を具体化するようになっている。

被害をそれ以上広げないこと

　園や学校では，「危機管理」を徹底するなかで子どもたちに事故が起こらないように努めている。先を予見した対策を講じているにもかかわらず，事故は起こっている。なぜなのであろうか。子どもたちは日々活発に活動をしており，指導者の考えが及ばないような行動や予期できない事態に関わることもある。

　たとえば，遊具を使った活動をしているとき，指導者が予想もしないような使い方をしたために高所から転落することもある。転落後に一番大変なのは本人である。傷をみて動揺し，痛さに顔を歪めるなか，周囲には別の子どもたちが心配をして集まり騒然とする。このような場面に直面したなら，どのように対応するのであろうか。いの一番になすべきことは，それ以上大変な状況を広げないことに尽きる。この事例であれば，まず転落した子どもを，一刻も早く苦痛や動揺から解放することである。担架を使い，保健室へすぐに保護をすることである。応急処置をして，本人を安心させることである。次には，本人の状況をみて，保護者の同意を得て，本人の掛かりつけの医師の治療を受けることとなろう。また，深刻な状況であれば，臆せず救急車を要請する必要がある。

　加えて，周囲でこの子どもの様子をみている他の子どもたちは，すぐに担任が教室に誘導することとなる。転落をした子どもの傷をみて動揺することや貧血を起こすなど，子どもたちに二次被害を出さないようにすることも配慮すべきである。

　起こってしまったことは，もとへ戻すことはできない。また，転落をした子どもにそのときの状況などを問いただしても，動揺と痛みで答えられる状況ではなく，後でも間に合うことである。その場の状況をよくみて，それ以上被害

が広がらないようにすることこそが「危機管理」の基本であろう。

2　事例7より：危機管理を考える

　園や学校では，遠足や修学旅行などを実施する際に目的地まで実際に出向いて下見をする。この事例では，下見をしたにもかかわらず，年長組の複数の子どもたちに虫刺されが起こっている。また，川原では命にかかわる危険な出来事も起こっている。

　遠足などの下見は何のために行うのかということを考えさせられる事例である。下見に行った先生方にすれば，子どもたちの活動にとって大切な施設や設備を十分に確認し，点検もしたのにという思いもあるはずである。このことから，起きてしまったことは「想定外」として，どうにもならない仕方のないこととして考えればよいことなのであろうか。

　この節では，中堅教員の立場で，これらの事例に取り上げられている下見を追いながら「危機管理」のありかたや役割について考えていただきたい。また，自分がもしこの事例に登場する中堅教員であれば，何を，どのようにするのかについても具体的な改善策をもとに考えていただきたい。

なぜ下見をするのか

　この事例に登場する中堅教員のA教諭と2人の先生方は，子どもたちの休憩場所やトイレなど，活動に関わる大切な場所を確実に確認している。また，子どもたちが公園に到着後に最初に下りる駐車場まで，他の車の様子をみるなど，安全についての配慮もなされた下見が行われているように思える。

　みなさんはどのように思うであろうか。下見の本来の目的とは何か。何をおいても，「安全」に関わることであろう。とくに，命に直接関わる危険箇所は必ず実地で調べ，記録などを取りながら確実に把握すべきことである。公園であれば，たとえば周辺の土地の様子などで，事例にある公園は丘になっているとすれば必ず低い場所があるはずである。丘から急に断崖になっている場合も

予想される。子どもが転落をすれば命に関わる深刻な事態となる。

　また，公園の下を流れる川についても下見をすべきであろう。川岸まで実際に行けば，川の様子は一目瞭然である。渦を巻いている川は流れが速い。川面の色をみて緑色が濃ければかなりの深さがあることもわかる。

　下見の際にさらに注意することは，「まさか，子どもたちはここまでは来ないだろう」と思い込むことである。子どもたちは好奇心があるので，興味のあるものが目に入れば，遠くてもその場所まで行くことを忘れてはならない。別のケースであるが，実際に起こった子どもが崖から転落した事故では，集合場所から遠い所で起こっているうえに，遠いので子どもはここまで来ないだろうと判断して下見をしていなかったことが共通している。

毛虫に刺されたことは「想定外」なのか

　遠足で休憩するときや持参した弁当を食べる際に，木陰は子どもたちにとって涼しく風通しもよい最適の場所となる。ところが，ここでも事例にあるような毛虫に刺されることが起こる。指導者が下見に出かけたときには全く毛虫がいなかったものが，数日のうちに発生していたのかもしれない。「下見のときには毛虫がいなかったので，まさか毛虫に刺されるとは思わなかった」ということで済まされるだろうか。また，そこまで下見をすることはできないということで「想定外」となるのであろうか。みなさんはどのように考えるだろう。

　園や学校の庭にはさまざまな樹木が植えられており，美しい花を咲かせる桜の木などは若葉となる頃に毛虫に葉を食われる。木の下には毛虫の糞が落ち，若葉は緑から茶色に変色し，一部の葉は落ちている。このようなことから推し量って考えれば，公園の木の下で活動をしている子どもたちの様子を3人の先生方がみれば，ある程度は察知できたのではないだろうか。また，木の下にいけば，変色した葉などから毛虫がいることを確認できたように思う。

　昨今は，秋の遠足シーズンに子どもたちが突然ススメバチに刺される事故も起こっている。何らかの原因があって蜂が刺すとのことであるが，自然災害と同様に予知や予測が難しいことだけに「危機管理」の難しさがある。中堅教員

として，長年の間に培われた経験や感性を駆使して，先を読むことや周囲の状況を判断しながら子どもたちの安全を確保することに努めることがますます求められるようである。

自分の命は自分で守る

どのように完全で落ちのない「危機管理」を徹底させ，危機管理マニュアルや手順を組織ぐるみで励行，実践をしても，予測のつかない事故や不測の事態は確実に起こる。天変地異や不慮の事故は，人の命を突然危険な状態にする。

園や学校では，子どもたちに避難訓練や交通安全教室などをとおして，安全教育を年間を見通して実施しているほか，発達段階に応じて不審者や犯罪から身を守ることに至るまで細やかな指導を継続している。にもかかわらず，子どもたちが不慮の事故や犯罪に巻き込まれることは続いている。園や学校で子どもたちに指導や支援をするなかで忘れてはならない安全指導上の留意点は何であろう。

つねに園や学校の先生方や保護者が子どもたちの傍らについて日々の生活を送ることは困難である。必ず，子どもたちは一人になるときがある。そのときこそ，園や学校で学んだ安全に対する本人の意識や具体的対応が問われる。今までに学んできたことや実地で体験したことを，現実の問題解決場面で子ども自身が自ら考え，判断し退避行動や身を守る知恵を働かせることとなる。端的にそれらの一連の考え方をとりまとめるうえで，「自分の命は自分で守る」という意識を一人ひとりの子どもが確実に持つことが大切であろう。

3　さらに考え，深く学ぶために

危機管理を求められる時代を迎えて

東日本大震災を契機にして，園や学校での防災に関わる危機管理意識は高まっているが，施設や設備の安全点検については再確認をすることが大切である。地下のプレートのズレなどにより昨今は地震が多くなり，地震学者の多くは日

本列島全体が活動期へ入ったと警告している。

　地震による物の転倒や落下を予測して，たとえば子どもたちの出入りする玄関の周辺にガラス戸やロッカー類があるとするなら，移動させることや，これらの転倒を防ぐ措置を取るべきである。また，地震が発生したときに子どもたちが避難経路にしている場所には，転倒して経路を寸断させる可能性のある備品や設備は置かず，つねに安全な避難経路が確保されなければならない。

　加えて，新型コロナウイルス対策で玄関や教室に備えられている消毒用アルコールについても，ノズルが何らかの原因で上向きになったまま抽出されると消毒液が目に入り，重篤な状態となる。理科室の薬品庫に収納されている塩酸や硫酸などの劇薬の管理や，プールの薬品庫などに置かれた消毒用塩素の点検なども必要である。

　ソフト面に目を向けると，個人情報の管理がいの一番に挙げられる。USBメモリの持ち出しをしないことや，名簿類の管理の徹底等に留意すべきである。さらに，裁判所や警察などを騙り，言葉巧みに卒業生の住所や氏名を聞き出そうとしたり，公的機関からの問い合わせに応じないと法的措置の対象となるなどと威嚇したりしながら，指導要録のコピーを要求するような，電話による悪質な事例もある。電話口に出た相手を動揺させる言葉を使って，執拗にやりとりを継続させ，判断力を鈍らせる手口で情報を詐取する。

　園や学校に勤務している教職員であれば，「守秘義務」について当然理解しているが，揺さぶりをかけられ，公的機関の名や法的処罰等を耳にすると動揺し，判断も鈍りがちになる。上司に電話口へ出てもらうなどの適切な対応が求められる。園や学校へ勤務する人々は，子どもの教育に携わる専門職で，普段から誠実な職員同士で接する機会が多いため，詐欺師などの標的にされる場合が多く，留意すべきである。

　教職員の世界は狭い。しかも，勤務年数が長くなるにつれて，自分でも気付かないうちに世間一般とのズレが出てきてしまうものである。近年，コロナウイルス禍を引き金にして，現在の日本を取り巻く社会情勢や国際情勢は，従前に比べて大きく変化をしている。世界の国々に目を向けると，日本のように民

主国家として人権が尊重され，自由に伸びやかに生活できる国ばかりではない。専制国家として，独裁者を頂点に人権侵害や弾圧が続き，貧困にあえいでいる国もある。危機管理については，サイバー攻撃や安全保障面など，世界規模で問題視されており，自身の身の回りだけでなく，もっと広い視野を持つことを心掛けて危機管理について考え，目を向けることも大切である。

判例から学ぶ危機管理のあり方

　園や学校で起こった事故は新聞に掲載され，そこには訴訟となって裁判が結審した際も経緯や過失の状況が述べられた判決が書かれている。これらで注目すべきことは，園や学校では通用することが，社会一般では通用しない一面があることがわかる。

　一例として，体育の授業で水泳指導中に子どもが溺れ，後遺症が残る事故があった。水泳を指導している際の教諭の服装の是非が裁判では問われた。事故が起こったとき，教諭は短パンと半袖のTシャツを着用していた。教諭はプールサイドから子ども全体を見回して指導しており，子どもへ不測の事態が起これば，短パン，半袖のまますぐに飛び込み，即対応すると弁明したが認められなかった。水泳指導をする際には，水着の着用が原則であることが，この裁判で示された。

　緊急時に備えられるかどうか，履物についても留意すべきである。かかとの高いサンダルを履いている場合，火事や地震のような避難を要する事態となったとき，子どもたちを安全に先導し，誘導できるのか疑問が残る。かかとが高いため，階段を降りる際，迅速に動けないほか，急ぐなかで焦って足首を捻挫すれば，子どもたちを安全に誘導できなくなるという事態も起こる。先導する指導者が動けなくなれば，子どもたちは階段で大渋滞を引き起こし，二次災害が起こることも予測される。幸いにも，筆者が知る限り，このような事故は起こっていない。しかし，水泳中の水着着用の判例から推察すれば，踵の高いサンダルを日常的に履いていることは，避難誘導時など緊急時には対応できるのか問われるところであろう。

また，教諭が職員室から教室へ向かうとき，学習で使用する教材や教具など
を持参することはよくある。しかし，たとえば，本などに先の尖った筆記用具
などを挟んで持参する場合，脇に抱えられたものは子どもの目の高さになるこ
ともある。もし，挟んであるペン先等が，よそ見などをしながら歩いてきた子
どもの目に当たったときは，どうなるだろうか。特段考えられることもなく日
常的になされている行為も，よく考えてみると危険な状況を引き起こしかねな
いことに気付くことが大切である。
　さまざまなことを想定して，起こりうることを想像していくと，あるべきと
ころに物品が置かれず別の場所へ置かれていることや，本来の目的に沿った用
途で使われていない場合も，危機管理のうえでは不自然であり，危険性をはら
んでいることに気付くことができる。園や学校は，安全が確保されている場所
であるという判例の確認とともに，子どもたちにとって安心，安全のもとで学
べる場でなければならない。

危機管理意識を共有するために

　園や学校の職員一人ひとりは，危機管理のありように関して，同じ認識を持
っているとは限らない。細心の注意を払って子どもたちの安全を考えることに
ついても，深浅がみられるのが現状である。
　先の先まで考えて，危ない危ないと連呼すると，子どもたちは萎縮して伸び
やかに育たない。そこまで考えなくとも，起こったときは起こったときで，そ
の場で対応すれば充分であるなど，危機管理に対する受け止め方にも違いがあ
る。確かに，危険が予測されるのであれば自粛をして，慎重に不測の事態が起
こらないよう，安全第一で実施することや，何もやらないことも視野に入る。
また，不測の事態が起こったとき，危機管理の観点から作成されているマニュ
アルや態勢が役に立たず，機能しない場合も考えられる。
　このような考え方や風潮が職員全体にみられるとすれば，それは園長や校長
の危機管理に対する大切さや願いが伝わらず，理解されていないと判断される
べきである。不測の事態とは，子どもたちの生命や身体が危険にさらされてい

る事態である。園や学校で子どもたちを不測の事態から守ることができるのは，職員である。また，子どもたちが在園中や在校中には，安全確保をする責務もある。

　危機管理マニュアルについても，さまざまな状況を想定して作成され，検討されており，園や学校の実態に沿って作成されている。仮に，危機管理を要する場面でマニュアルが機能しなかったとしても，機能しなかった原因や手順について見直しを行い，修正の過程を経て，よりいっそう確かで，活用の図れるマニュアルに発展させることができる。

　また，現実に起こった事例などをもとにして，園内研修や校内研修の場で学びあうことや，職員会議の折に園長や校長から職員へ，自らの機器管理に対する見解や思い，願いなども伝えることもできる。これらを繰り返すなかで，一人ひとりの職員の危機管理に対する見方や考え方は広がり，大切さについて認識される。

　地震や非常事態が起こったとき，在園，在校する子どもたちを保護者のもとへ安全に，確実に引き取って帰宅させるなどの模擬訓練も行われるが，これは職員や子どもたちだけでなく，保護者の方々へ意識をさらに高めていただくためにも実施されるべきである。

　筆者は，在籍する学校でPTAに働きかけ，「引き取り訓練」を実施した。一方通行の道を出入りすることや，迎えに来る保護者の車に対する駐車スペースなど，考えられる対応をして臨んだ。ところが，県道沿いにあった学校へ一方通行で入る車道は渋滞して，道路を通行する一般の方々に迷惑をかけてしまった。加えて，広々とした校庭は迎えの車で満車に近い状態になり，学年ごとに子どもを乗せた車が出口から県道へ一方通行を整然と出て行くなか，後続の車は長蛇の列をなしていた。机上の計画と実際に実施された結果をみると，思いもよらない違いがあり，実地訓練の価値や大切さを全職員で共有し，以降へ生かすことができた。

⋯⋯⋯⋯⋯⋯⋯⋯⋯⋯

以下の文を読んで，その記述が正しければ○，誤りであれば×をつけなさい。

☐(1)　園や学校では「危機管理」の重要性が問われているが，地震や自然災害などは全く予測や予想もつかないことなので，そのようなことが起こった際に臨機応変に子どもたちを避難させればよいため，あまり気を遣うことはない。

☐(2)「危機管理」を行ううえで，「まさか」という意識から「もしかして」という考え方を持って取り組むことは，指導者としての予測や予想をはるかに超える不測の事態が起こったときに適切に対応するうえでも大切なこととなる。

☐(3)　園や学校では，避難訓練や交通安全教室など子どもたちの安全教育については常日頃から行っているが，帰宅後に子どもたちが交通事故や犯罪に巻き込まれないためにも，「自分の命は自分で守る」という意識を持つことは重要である。

☐(4)　遠足の下見に行ったときには，子どもたちの活動に直接関わる施設や設備，トイレなどを確認すれば十分で，子どもたちが行きそうもない遠くの崖や川などの危険箇所まで実地に下見をすることは，無駄で意味のないことである。

☐(5)　不慮の事故や不測の事態により，子どもたちの命に関わることが突然起こったときには，指導者として周囲の状況を判断しながら，それ以上に被害が広がることやさらに生命の危機が深刻にならないよう対応することが重要である。

コラム7
仕事をなくして考えたこと

　大学を卒業して入社した民間会社を辞めて郷里に戻った私は，しばらくの間，仕事もなく，家で過ごす生活が始まった。朝は自分の好きな時間に起きて，母親が準備してくれる朝，昼，晩の3回の食事も摂ることができ，何の不自由もない生活を送っていた。何よりも，仕事から解放され，時間に拘束されることがなくなったことが最高だった。

　好きなときに，自分のやりたいことを誰に強制されることなく，気兼ねすることもなく，日がな一日続けたければ続け，止めたければ止めることもでき，のびのびと過ごすことができた。仕事で人に会うこともなく，身だしなみを整える必要もないため，髪は伸び放題で，身に付ける衣服もいつも同じようなものを着用していた。何もしない，自分の思うままに，勝手気ままな生活を，来る日も来る日も続けていた。

　そのような生活が2週間ほど続いていたある日の朝，洗顔のため，たまたま鏡に映った自分の顔をみた。外にも出ずに，家の中で過ごす時間が長いためか，顔は白っぽくみえ，腫れぼったいまぶたの下で目はトロンとし，生気を失っているような気がした。体重も増え，足取りも重くなっていた。3食を摂って運動らしい運動もしなければ，当然の結果である。

　1か月も過ぎていないのに，このような姿になってしまった自分を見てショックを受けた。その日以来，今までのように，誰にも止められたり，制限されたりするわけでもないのに，何をやっても集中できず，何事も手につかなくなってきた。夜になり，床についても，なかなか寝られない。うつらうつらする程度で，眠りも浅くなって，寝付けなくなってきた。とりあえず，朝になれば起床はするものの，睡眠不足のためかあくびが出て，新聞などを読んでいるうちに居眠りをすることも起こる。目が覚めた時，しばらくの間，自分は何をしていたのかと思い出せず，思い出したときにハッと我に返るような気持ちになった。

　また，話をするのは家族と近所の人など，ごく限られた人との断片的な会話になりがちで，徐々に今までのように快活に話していたことも忘れ，口は重くなり，話すことや会話をすることも面倒くさく，億劫になってきた。このころになると，徐々に自分自身に対して焦りも出てきた。このままの生活を続けていると，廃人の

ようになり，世間から隔絶されてしまうのではないかという不安を持つようになっ
てきた。朝起きてきたとき，近所の人たちが車に乗って会社に出かける姿をみたと
きや，子どもたちが徒歩や自転車に乗って学校へ通学する姿をみたときには，いっ
そうその気持ちは高まってきた。加えて，働くことができる身体や力を持ちながら
働いていないことに対する罪悪感や，負い目のようなものも感じた。仕事から解放
されて，自由気ままで誰からも制限されないこんな生活は，1か月も続かなかった。

　このような思いを持ち始めたとき，私は中学校3年の時，校長先生から受けた授
業のことを思い出していた。道徳の時間で，福沢諭吉の話していたことを紹介して
くださった。「世の中で一番寂しいことは，やる仕事のないことです」という諭吉
の言葉である。当時の私は，校長先生が私たちに無職ではダメだと説諭してくれた
ものと解釈していたが，全くそのような意味ではなかったことが，身に染みてよく
わかった。

　何らかの理由で，人は働きたくても働けないことや，仕事に就けないときもある。
額に汗して働くことは，社会全体の経済活動へ貢献する一翼を担い，勤労は，納税
者としての国民の義務を果たすことにもなる。勤労は美徳かもしれない。

　しかし，現実に目を向ければ，自ら職業選択をして最善と考えた就職先が，経営
危機になることもある。思いもよらない配置転換やリストラもある。また，すべて
の人が自らの適性や能力に応じて，充実した仕事を日々送っているわけでもない。
自らの意に沿わないなかで働いている人々も多い。

　私は，わずか1か月ではあるが，職のなくなったなかでさまざまなことを自分自
身の体験をとおして思い，考えることができた。諭吉の伝えようとした「寂しいこ
と」とは，一人ひとり，みな違う解釈がなされるものなのであろうと，私は考えて
いる。

第8章
中堅教員としての生きる道

────── この章で学び，考えたいこと ──────

　日本国内で生まれた日本人の子どもの出生数は，2020（令和2）年に約84万人
となり，5年連続で低下するなか過去最少を更新した。また，婚姻数も52万5490
組と前年より12％減少し，戦後最少となっている。新型コロナウイルス禍により
子育てなど将来へ向けての不安や見通しがつかないことが少子化へさらに拍車を
かけている。

　園や学校で勤務をされている中堅教員の先生方にとっては，日々子どもたちへ
の指導や支援に努めるなか，なかなか国全体で起こっていることに対して何かを
考えることは少ないのではないだろうか。とくに少子化の問題は，今もこれから
も園や学校にじわじわとさまざまな影響を及ぼすことである。

　この章では，園や学校に勤務する中堅教員として，幅広く現在の状況やこれか
らの予測などを，今世の中で起こっている事実を基に考えていただきたい。また，
これから園や学校で中堅教員として勤務するうえで，組織全体を考え，構想でき
るような「経営的な視点」も，現状を理解，認識するなかで培っていただきたい。
園や学校を経営するなかで，何を置いても中堅教員の先生方の資質や能力の高さ
は，なくてはならないかけがえのない財産なのである。

　ある日の正午ごろ，Ａ幼稚園に勤務する中堅教員のＡ教諭は，園長先生から次のような依頼を受けた。先月来日した日系ブラジル人の保護者が，子どもをこの幼稚園に入園させたいとのことで，受け入れた後はＡ教諭の学級でお願いしたいとのことであった。Ａ教諭は以前にも外国籍の子どもを受け持った経験があり，園長はその実績を買ってのことであった。Ａ教諭は園長の依頼を受け，日系ブラジル人の子どもを担当することとなった。

　翌日，母親に伴われて来園した子どもは，女の子で，ポルトガル語は流暢に話せるが日本語は片言であった。母親は日本語が話せるので，今後は子どもに日本語を話せるように家庭でも指導をすることを担任に伝えた。

　やがて，この子どもは園での生活に短期間のうちになじみ，日本語もめきめきと上達し，日常会話にも困らない水準になった。また，園の給食で出される納豆やおでんなどの日本食も，徐々に箸をつけられるようになった。この子どもの母親は，娘のそれらの姿を見て大変に喜び，登園や降園の際には担任に対して感謝する言葉をいつも伝えていた。

　中堅教員のＡ教諭は，同僚から何か秘訣があるのかと聞かれると，「外国籍の子どもの話をよく聞いて，相手の立場になって考えることを続けていただけ」といつもどおりに答えていた。同僚の先生方からは，次に外国籍の子どもが入園してきたときには受け持ちになろうという声も出ている。

1　園や学校を取り巻く状況

　現在，園や学校でこれから先を予測するうえで一番大切なことは，子どもの人数の動向を注目することである。入園，入学者の人数を把握することは学校を管理，運営する園長や校長の仕事で，中堅教員の自分には関係がないということではない。おおいに中堅教員のあなたに関係があることであり，これからの勤務や雇用にも関わってくることである。

　また，日本では深刻な労働者不足が続いており，建設業や介護職では深刻さを増すなか，外国人労働者の雇用を積極的に進めている現状にある。また，日

本の教育や文化水準の高さ，治安のよさから，日本に永住や定住を希望する外国人も増えている。

　一方，子どもたちの保護者をみると，多様な考え方や言動をとることや，複雑な家庭環境，経済的に困窮している家庭など，園や学校はただ子どもだけを対象とする教育の場ではなくなっている現状もある。この節の学習では，世のなかに置かれている園や学校という視点を持って，幅広く現状を把握し，読み取るなかで，中堅教員として今後どのように処していくことがよいのか，自分自身のこととして考えていただくきっかけとしていただきたい。

人権感覚や感性を持つこととは

　「厚がい」と「薄がい」という言葉を，指導行政に在職していたころに筆者は初めて耳にした。何のことか言葉の意味がわからないので園長に尋ねると，やや視線をそらし，ニヤニヤしながら説明をされたことを今でも鮮明に覚えている。

　「厚がい」とは子どもの人数が多いことを意味し，「薄がい」とは子どもの人数が少ないことであるとのこと。今なら，多人数学級と少人数学級ということになろう。ただ，気になったことは「がい」という言葉であった。園長はその言葉の意味を説明のなかから省いていたが，ニヤニヤした表情と合わせてすぐに理解することができた。筆者は，その場ではそれ以上追及しなかった。

　中堅教員の先生方であれば，きっとこの「がい」の意味はすぐにわかることであろう。「飼う」という言葉が濁って使われていたのである。子どもたちを厚く飼うなど，現在の人権感覚からすれば明らかに差別的な言葉や表現にあたることである。子どもたちを牧場の牛や羊のように数えているうえに，飼うという感覚も理解できない。この幼稚園の先生方は，子どもたちを牧場の牛や羊のように扱い，人数が多いと大変で，少ないと楽だと考えていたのであろうか。また，保護者がこの言葉を耳にしたらどのように思うのであろう。真っ先に信頼関係を失い，この一言によって園全体に失望するであろう。

　長年の間，「業界用語」として意味も考えずに使われてきた言葉なのであろ

うが，人権意識や人権感覚が定着し高まっているなかで，このような言葉がいまだにあるとするなら，即刻排除すべきである。世間では，セクシャルハラスメントやパワーハラスメントなど，性差や地位を利用した嫌がらせについて話題になっているが，読者のみなさんはどのように理解しているであろうか。

　今まで，人権に関して意識や感覚が育っていなかったなかで，教育や社会の動きとともに，徐々にこれらの意識や感覚が高まっている過渡期として，さまざまなハラスメントが話題になっているとも考えることができるであろう。

少子化が園や学校に及ぼす影響

　筆者は，現職のころに全校児童数1380人強の学校から70人程度の学校まで，勤務した経験がある。1380人強の学校は１学年５〜８学級で学級には40人強の子どもが学び，全校体育集会では広い校庭がすみずみまで一杯になるなか，ラジオ体操を行った。遠足や校外学習では１学年５〜８台のバスが校庭に止まり，３学年を同じ日に実施したときには，20台近い大型観光バスが校庭に並んだ壮観な光景を覚えている。

　その後，勤務した複数の学校で徐々に子どもたちの人数が減り続けていることを感じるようになった。全校児童数70人の学校では，運動会は地域ぐるみであったので運営はできたが，学校のみでは徒競走や競技を入れて２時間程度で終了となったであろう。１学年９人では，徒競走は２レースであっという間に終わる。子どもが少ない閑散としたなかで，改めて多くの子どもが集まる学舎の意味を噛みしめる思いでいた。

　園や学校は，これから確実に統廃合や，学校であれば小中一貫校などの設置も進む。統廃合の中で，消える園や学校の存在もある。従来であれば，保護者や地域の請願により小さな園や学校は存続される場合もあったが，現在では困難な時代を迎えている。どのような理由からなのであろう。簡単に言えば，「ない袖は，振れぬ」ということである。市町村の財政が豊かな時代から，現在はやり繰りに苦労する時代となっている。「少子高齢社会」が急速に進み，納税者数が減り税収を圧迫しているためである。また，園や学校の統廃合によ

り，子どもたちが遠距離通園，通学となるが，バスの運行により1時間程度までは通園，通学区域にする方針も政府からすでに出されている。

　ここでは，少子化の及ぼす影響として園や学校の統廃合を中心に述べたが，適正な園や学校の規模，少人数のよさを生かした目にみえる教育の推進など，これからもさらにさまざまな提案や提言がなされ，実施されるであろう。中堅教員として，これらの動向につねに着目し，自分はどのように考えるのかということを明確にする時代や事態になっていることは確実であろう。

外国籍の子どもたちを受け入れる時代を迎えて

　2020年に東京オリンピックの開催が決まり，新型コロナウイルス感染症の予防から1年延期されて実施された。1964（昭和39）年に行われた前回の東京オリンピックでは，代々木を中心に競技施設が多数建設され，建設ラッシュに湧いていたが，今回のオリンピックは前回と大きく異なることがある。

　施設や道路を建設するための人が不足しているということである。前回の五輪では地方から多くの労働力を得ることができたが，今回の五輪では人口減の影響で人手が不足する事態となっている。どのようにこの現状を改善すればよいのであろうか。日本でまかなえない労働力は，外国に求めるということになる。外国人の方々が労働者として来日をすることとなる。

　一方，すでに1990年代に入国管理法の一部改正により，日本人を先祖にもつ日系ブラジル人の人々が就労のため来日している。家族で来日をした人々は，子どもたちを日本の園や学校へ編入学をさせている。群馬県の太田市，伊勢崎市，大泉町や静岡県の浜松市などでは，多くの日系ブラジル人の子どもたちが園や学校で学んでいる。日常の使用言語や生活習慣の違いなどの課題を解決，改善しながら生活するなか，子どもたちは日本の園や学校で学び，高校や大学への入学者数も増えている。また，日本の文化や教育水準の高さや治安のよい快適な生活を送るなかで，日本への永住や定住をする方々も増えている。

　今後，日本の人口減少に歯止めがかからないなか，確実に外国からの人々を受け入れなければ，日本の産業は経営が難しくなることが予想される。園や学

校は外国籍の子どもたちを受け入れて，日本の教育のよさを生かして，子どもたちが持つ能力を引き出す大きな役割を担うときが徐々に近付いているといえよう。

多様化する保護者

　常識や良識では考えられないような求めや苦情を園や学校へ申し立てる保護者については別の章で触れたので，ここでは別の視点から保護者について述べることとする。

　1960年代の日本は，高度成長のなかで多くの労働力を地方から求める時代であった。東京の上野駅は，東北の玄関口である。井沢八郎の歌う「あゝ上野駅」は，まさにこの時代，東北地方から中学校を卒業して東京へ集団就職をした人々を端的に表現している。中学校を卒業して首都圏へ就職をした人々は「金の卵」と言われ，貴重な労働力となって日本の工業の発展に貢献をした。

　やがて，日本の経済成長は安定期に入り，次第に高度で専門性を必要とする職種が増えるに伴い，企業の求人の資格要件は高校や大学の卒業者へと変化する時代となった。そして，現在の「全入時代」へと至っている。

　これらを反映して，保護者は高学歴者が増加し，少子化と相まって自らの子どもに対する望みや思いも多様化し，園や学校の教育へ関心を高めることや要望なども多くなっているようである。また，英会話活動などを幼少時より求めるなど，早期に子どもの能力や才能を引き出すことを望む保護者もみられる。

　また，一方では経済的に困窮し，日々の生活をいかに送っていくのかに終始している保護者も散見され，とても子どもたちの教育にまで手が回らない状況の家庭もある。日本の社会は本人の努力や才覚などによって職業選択は自在であり，経済的に豊かな生活を送ることに対しても「青天井」である。そのなかにあっても，さまざまな事情により貧困から抜け出せない人々の存在も，教育者として忘れてはならないことの一つであろう。

　中堅教員として，日々子どもたちの指導や支援にあたるなかで，子どもたちの背後にある家庭や保護者の存在をつねに把握することも大切であろう。園や

学校で学ぶ子どもたちは，みな良好で健全な家庭環境のもとで日々の生活を送ることが望まれるが，さまざまな理由でそれらが叶わない子どもたちのことも考えながら「多様性」へ目を向けていただきたい。

2　事例8より：外国籍の子どもたちへの支援や対応を考える

今後の日本は，歯止めがかからない少子化による人口の減少で不足する労働力に対して，外国人労働者の就労をすすめ，改善する政策がとられるであろう。すでに日系ブラジル人の子どもたちは，工場地帯をひかえる地域などにある園や学校へ就学をしている。

現在，外国籍の子どもたちには就学の義務はない。しかし，園や学校は，保護者から子どもを就学させたいという希望があった場合には就学の措置をとっている。また，日本の園や学校の教育水準の高さや，さまざまな面できめ細かな指導や支援を受けることを通して，子どもたちが希望を持てる将来を確信し，日本へ永住や定住を希望する保護者も増えている。

一方で，言語や生活習慣の違いなどに対する園や学校の理解や考え方が高まらない場合には，外国籍の子どもたちが大変な苦労を強いられている面がある。一人ひとりや個に応じた指導や支援が園や学校の教育のなかで進められるなか，まさにこれらの指導で培ったノウハウや成果を外国籍の子どもたちに対して活用する場や好機とも言える。

この節では，以上のことをふまえ，この事例に登場する中堅教員のA教諭が，いかにして外国籍の子どもの指導や支援をとおして成果を上げ，さらには保護者からの絶大な信頼を受けているのかを事例から明らかにしていただきたい。中堅教員の先生方の勤務する園や学校にも早晩のうちに外国籍の子どもたちは就学することを念頭に置いて，人ごとではなく，自分のこととして考えていただくことができたなら，さらに学びは深まったと言えるのではなかろうか。

外国籍の子どもたちからみえること

　世界地図でみると，ブラジルの広大な国土のありさまがすぐにわかる。園や学校に勤務する中堅教員の先生方であれば，教育をはじめとする施策や仕組みが，はたして国の隅々にまで及んでいるのであろうかという疑問を持たれるであろう。その疑問のとおりで，日本の県にあたるブラジルの州では，州ごとにかなり異なる教育がなされている。都市部のサンパウロ州と地方にあるアマゾン川流域のアマゾナス州などでは，かなりの違いがある。また，州知事の考え方一つで教育予算が削られ，道路や施設の建設に回されている実態もある。

　これらは日系ブラジル人の子どもたちが学んできたブラジル国内での教育の一端ではあるが，その他に日本の学校との最も大きな違いは，学校は3部制で行われていることである。日本の学校は，朝に登校し，終日学んだ後に，午後3時から4時ころに下校をするのが常態である。ところがブラジルの学校は，午前の部，午後の部，夕方の部と3部にわかれており，子どもたちは入替制のなかで学んでいる。

　ブラジルから日本の学校に編入学をした子どもが朝方登校し，午前の勉強が終わったところでさっさと学用品をランドセルにしまって教室を後にする姿をみて，担任の先生が慌てて追いかけていくなどの話をうかがったことがある。上記のブラジルの3部制を知っていれば，別に驚くことでも奇異なことでもない。日本の学校へ編入学をする際に，保護者や子どもへ日本の学校の一日の流れなどを説明しなかったために起こったことと理解すべきである。外国籍の子どもにとっては，ごく普通のことなのである。ことあるたびに認識を新たにして対応すれば，十分に相互理解を図ることはできる。

　また，教科の指導をとおして，子どもたちがブラジルでどのような指導を受けてきたのか，子どもたちの学ぶ姿から，指導者の姿や指導力，指導方法なども垣間見ることができる。一言でそれらの指導を総括すれば，「多様」である。日本の学習指導要領に当たるものはブラジルにも存在するとのことであるが，あまりにも子どもたちの出身の州によって違いがある。背景にあるのは，教師の指導力や資質，能力が，千差万別な状態にあることもわかる。

　ここに取り上げたことは，筆者が勤務した全校在籍数の10％にあたる56人の日系ブラジル人の子どもたちが学ぶ学校で，国際教室への指導や助言をしているなかでわかったことや体験したことを述べている。わずかな一端のみの紹介に留まらせていただくが，「多様性」について理解をするきっかけとしていただきたい。

事例に登場するＡ教諭から学ぶこととは

　中堅教員のＡ教諭は，同僚から秘訣について問われ「外国籍の子どもの話をよく聞いて，相手の立場になって考えることを続けているだけ」と答えている。外国籍の子どもの指導や支援が奏功しているＡ教諭のこの発言の逆を考えると，新たなことが見えるであろう。

　つまり，相手の話をよく聞かない，自分の考えや立場で考える教師がいたとするとどうであろう。このことは外国籍の子どもに限らず，日本の子どもでも同様なことである。厳しい言い方をすれば，日本の子どもに常日頃このような指導や支援をしている指導者は，外国籍の子どもは言うに及ばず，日本の子どもに対しても不十分な対応しかできないであろう。

　新しく日本という国での生活が始まり，外国籍の子どもはどのような境遇に置かれているのであろうか。日常会話で使う言葉の問題，生活習慣の違い，友達とのことなど，挙げればきりのないほどの不安や心配を抱えている。自分を相手に置き換えてみればすぐにわかることである。

　そんな生活習慣の異なる外国籍の子どもへ「郷に入っては，郷に従え」の考え方で指導や支援をしたならば，どのようなことになるのであろう。まず，外国籍の子どもたちは，「なぜ，そのようにしなければならないのか」という，理由を指導者に尋ねるであろう。そして，その理由を聞いて理解し納得できればよいが，根拠のない理不尽なことに対しては受け入れない。筆者の体験から，そのような考え方を持っている指導者は，多くの外国籍の子どもたちから敬遠され，信頼を得ることはなかった。

　中堅教員のＡ教諭は，本人の話すとおり特別なことはしていない。話をよく

聞いて，相手の立場になって考えることを続けているなかで，心を通わせて子どもに寄り添って一緒になって考えていくということなのであろう。いつも日本の子どもたちに実践していることが十分に通用することがよくわかる。

3　さらに考え，深く学ぶために

リーガルマインドの考え方で

　教育法規は，日本国憲法，教育基本法，学校教育法，地方公務員法，教育公務員特例法，地方教育行政の組織及び運営に関する法律などで構成されている。略称で表記される場合には，憲法，教基法，学校法（学教法），地公法，教特法，地教行法となる。他の章でも，事例を使ってこれらの各法規に触れてきた。

　昨今，企業では法令遵守を意味する「コンプライアンス」という言葉が使用され，法令に違反するか，しないかの観点からさまざまな議論がされている。これに対して「リーガルマインド」は，法令遵守をふまえたうえで法的根拠に触れながら自らの職務を見直すなどの幅広い意味がある。教育に携わる人々は，リーガルマインドの視点を持って，自らの職務や専門職としての身分などを確認し，認識することが大切である。非違行為に対する分限，懲戒処分や地公法に規定される禁止，義務，制限などに目が行きがちであるが，専門職としての資質や能力等の向上を図るための勤務場所を離れての研修や，激務に配慮した人間ドック受診時の職務専念免除の扱いなど，恵まれた面もある。

　企業では業績の悪化に陥ると，まず人件費の削除によるコストカットが始まり，自宅待機，一時帰休，解雇などの措置がなされている。また，関連企業への配置転換や出向もあり，遠隔地での転勤や，単身赴任することもある。一方，教職員は一定の年限を経ることで，年度末の人事異動の対象となる。これは，組織の入れ替えにより，園や学校の活性化を図るために行われることであり，勤務する市町村内での移動を転補，市町村を超えて移動することを転任と呼び，区分している。また，授業が成立させられない教員や，学級崩壊を繰り返すなどの指導力不足の教員については，園や学校は専門職としての教育機関であり，

一般企業のように関連企業への出向に見合う受け皿がないことから，組織内での職務の見直しに留まらざるを得ない。また，自宅待機や解雇等の措置も非違行為があれば適用できるが，指導力不足などの理由では，これらを適用することは難しい。さまざまな専門職としての法制のなかで，守られているのが現状となっている。

　これらの教育法規のほか，市町村には「管理規則」が定められている。身近なものとして，園や学校の夏休み等の休業期間は，管理規則に規定されているため，市町村によって期間が異なっている。またたとえば，各学校に設置されているプールについても，管理規則に使用規定等が示され，各学校はこの規定に沿ってプールの管理をしており，学校が独自に規則をつくっているわけではない。

　園や学校で課題となることや，解決しなければならないことが起こったときには，教育関連法規や，市町村管理規則に定められている条文や項を一読して，確信を得ることも大切である。さらに，新聞紙上で報道されている園や学校で起こった事件や事故，その後に訴訟となった事件等は，裁判所の判決にも注目すると，法制のもとに園や学校が運営され，位置づけがされていることがわかる。

「コロンブスの卵」

　園や学校では，会議の運営の工夫や出張の精選など，組織ぐるみの取り組みによって職務の多忙化を改善する努力や工夫をしているが，職員数不足という慢性的な状況が続くなかで，道半ばの状況にある。今後も新たな社会の進展により，発生する園や学校への要請や求めは続いていく。

　ここで，明日からでもすぐにできる職務の能率化，効率化について，筆者の実践を紹介したい。1つ目は，勤務時間が終了する前に明日の予定を箇条書きに書きとめ，小さなメモを机に貼っておくことである。提出期限の近い文書や緊急性の高い順に，タイトルなどを短文で書いておくとよい。完了した際には，「済」と書くか斜線を引く。この方法の効用は，朝，勤務が始まったとき，す

でに段取りができているので，すぐに仕事に取り掛かることができる。当日出勤して1日の計画を立てることに比べて，10分程度の能率化が図れるのである。また，提出物の期限超過もなくなる。新たに入ってきた仕事もこのメモに加えておくと，翌日の予定表づくりも早まり，落ちや漏れもなくなる。しかし，実践の結果を見ると，自ら積極的に関わりたい仕事は早期に完了し，不得手なことや面倒な仕事は後回しにされるうえに，でき栄えもよくないことがわかった。

　次は，A4サイズのノートを1冊準備し，日付を上段に書き，見開きで左右のページを使ってメモや記録を日々書き留めることである。小さな紙片へのメモは，数多くなると用件をみつけるまでに時間がかかることや，散逸することも起こる。一方，A4見開き状態であれば，すぐにみつけることができる。外部からの照会や保護者からの電話連絡などが多かった教頭時代に，この方法で対応した。やりとりの結果などは，照会を受けた日の下へ結果として書き加えた。日付があるので，数週間，数か月前のこともすぐに探すことができ，確認も迅速にできた。

　最後は，研修会用のノートをA4サイズにして，配布された資料や当日のメモを一冊へとまとめる方法である。教職員向けの全体研修会等や講演会は，多額の講師謝金を払い，「時の人」をお招きすることが多い。一期一会となるなか，研修会では集中して話を聞き，ポイントとなる言葉や印象に残った見方，考え方などを短い言葉で書き留めていた。配布された資料はこのノートへと貼り付け，メモと合わせてこれからの職務で生かせるよう工夫した。研修会と名のつくものは，すべてこのノートへ，資料とともに収めることができた。教諭として研修主任を任されたときは，研修資料として残されたこのノートから，再び資料として活用することもできた。

　ここに紹介した3つを一読して，「なんだ，そのぐらいのことはわかっているよ」と考えた方も多いであろう。すでに知り尽くされ，やり尽くされた方法ではあるが，これを継続という観点から点検すると，どれほどの人々に実践されているのだろうか。「わかっていること」と「実践すること」「継続すること」を考えれば考えるほど，興味深い。まさに，大航海時代の「コロンブスの

卵」に共通するようにも思える。

　保育や教育の実践の場で，多忙な職務を背景にして，組織全体の改善の方策も出されているが，率直に言って，目新しく，画期的な改善の取り組みを目にすることは少ない。個々の職員の改善へ向けた取り組みと併せて，方策の追求よりも，「実践すること」や「実践を継続すること」へと目を向けることも大切なのではないだろうか。

ストレスに勝つために

　何でもありの世の中で，園や学校は多忙の極みのなかにあり，ときには専門職としての根源的なあり方や，激務のなかで，何のために自分はこの仕事を選択したのかと自問自答することも多々起こっている現状がある。

　「たった一言が人の心を温め，たった一言が人の心を傷つける」という名言がある。子どもたちの健やかさや，可能性を引き出す保育や教育を実践し，専門職として日々尽力する幼稚園，保育園，小・中学校の指導者にとって，ごく一部ではあるが，理不尽な言動をとる保護者の対応には苦慮する。

　指導者に対して「あんた」と発する保護者の一言を耳にしたとき，どのように度量があり，寛容な心を持つ人であったとしても，一言によって心は傷つけられることが身をもってわかった。どのように激昂したとしても，一人の人間として発してはならない言葉がある。口から発せられる言葉には，その人の品性や品位が現れ，人格そのものもうかがい知ることができるものであると，筆者は小・中学校時代に多くの先生方から学んできた。また，その一言によって取り返しのつかないことになることも教えられた。

　心に傷を負い，治らないうちにまた次の傷を負う。身体に受けた怪我などの傷は治る様子が目でみてとれるのに対して，心の傷は全くみえず，傷を受けた本人が周囲に言わない限り，なかなかその様子からみてとることは難しい。心因性のストレスは，やがて不眠や食欲不振を引き起こし，次第に元気がなくなり，活力も失せていく。このような状況になる前に組織として，また一人の指導者として，本人を励ます言葉や力付ける言葉が何よりの力になる。経験年数

のわずかな指導者が，その役割を担う事は困難である。やはり，中堅の指導者の手腕が必要で，大きな力となる。組織での支え合いが求められている。

　日々の勤務のなかでは，休憩時間が勤務時間の途中に設けられているが，職務の特殊性から，子どもを放置して一斉に休憩時間を取ることは難しい。しかし，職員同士で協力しあって，勤務の途中で休憩を取ることが大切である。休憩時間は，勤務能率を向上させるために設けられており，休憩時間を取らずに仕事を続行させるということは，勤務能率を低下させることになる。

　勤務時間外の私生活については，生活の仕方や過ごし方などは個々人の裁量に任せられるものであり，何人たりとも強要や介入は許されないが，休養し，動植物の世話などをとおして過ごすほか，絵を描いたり，文章を書いたりすることも，心身のリフレッシュにつながることとされている。

■ 第8章　理解度テスト

以下の文を読んで，その記述が正しければ〇，誤りであれば×をつけなさい。

□(1)　「少子高齢社会」が続いているが，園や学校にとっては従来の考え方を踏襲し，入園や入学する子どもたちを例年通りに受け入れればよいことであり，統廃合や小中一貫校など政府が打ち出している方針などに注目することはない。

□(2)　入園，入学者の人数を把握することは，園や学校を管理，運営する園長や校長の仕事であり，中堅教員には関係のないことである。

□(3)　1990年代の入国管理法の一部改正により，日系ブラジル人が就労のため来日するなか，群馬県の太田市や伊勢崎市，大泉町，静岡県の浜松市などでは外国籍の子どもたちは日本の園や学校に就学して学んでいる。

□(4)　外国籍の子どもたちは，日本の学校で学んでいるのであるから，日本の格言にあるとおり「郷に入っては，郷に従え」の考え方で，日本の生活習慣や文化に一刻も早く馴染ませるための指導や支援が大切である。

□(5)　日系ブラジル人の子どもたちの指導にあたっては，広大な国土による州ごとの教育の違い，指導者の資質や能力の差，朝昼夕に分かれた3部制による学校の運営など，日本の学校とは比べものにならないほどの「多様性」がみられる。

コラム8
畑仕事をして考えること

　私の学位は農学士である。大学卒業後は，民間の会社などに勤務した後，教職の道に身を置き，退職後は250坪ほどの農地2面を相手に畑仕事をしている。大学では，熱帯農業を中心に，プランテーション経営や熱帯土壌学などを学んだ。日本のような温帯モンスーン地帯での農業とは異なり，赤道直下や，それらの付近での農業で通用する知識であった。また，理論は学んでいても，実習等はわずかに体験している程度で，日本型の農業についてはほとんど素人であった。

　退職後に農業を始めるのにあたり，まず軽トラックと農地を耕す耕運機を買い求めた。他の農作業に使用する農機具は，その都度，必要に応じて徐々に揃えていった。軽トラックはキャブオーバー型と言われる車体で，運転席前のボンネットがないため，見通しも良好で運転しやすい。ミッションも5速のマニュアルで，ギアチェンジのたびに運転の楽しみがあり，4輪駆動もボタン1つで操作でき，荒地や坂道でも力を発揮することができる。

　畑仕事をやっていると，さまざまなことを体験をもとに学ぶことができる。まず，作物栽培と並行して，雑草の除草作業が延々と続く。作物を生育させるためには肥料が必要であり，畑に撒く。すると，作物は順調に育つが，同時に雑草もそばで育ってしまう。雑草は作物に比べ成長も速く，背丈なども高く，作物を追い越し覆いかぶさるように上へ横へと伸びていく。放置すれば，たちまち作物は痩せ細り，やがて枯れてしまう。背丈の高くなる雑草は，上へ上へと伸びるうちに枝をつけ，幹も太くなり，それを支える根も四方八方へ張り，地中深くまで達する。一方，横へ横へと伸びる雑草は地を這うように進み，伸びた先で新たな根を生やし，そこを起点にしてどんどん伸びていく。

　これらの雑草を相手に，草取り作業が延々と続く。春先は，草取りをした後には新たな雑草はしばらく生えてこないが，やがて入梅の頃になると気温も上がり，雨も降るため，草取りをして雑草が1本もない状態にしても2～3日で雑草の芽が出て，1週間ほどで畑は雑草の緑で覆われてしまう。取っても取っても次々に生え，作物を育てるというよりも，「雑草との戦い」となる。

　この戦いに敗れると，背丈の高い雑草と地を這う雑草が畑一面に生い茂り，右往左往する事態となる。すべての雑草は，伸び放題の先に種をつける。鈴なりになっ

た雑草の種は，地に落ちるものや風に乗って空を飛ぶものなど多様である。種は，落ちたところで新たに芽を出し，伸びていく。伸び放題の雑草を止めるためには，2倍，3倍の労力を要する。夏を迎え，気温は35度を超えると，草取りの作業効率は一気に落ちる。首に巻いたタオルで汗を拭き取っても，すぐに新たな汗が吹き出してくる。持参した720ミリリットル入りの飲み物で水分補給をしても，汗で出てしまうようになる。汗を拭き取るタオルは，初夏の頃は1本で足りるが，猛暑の続く生活になると2本から3本ほど増えていく。汗を拭き取ったタオルは，絞ると汗が落ちるようになる。

　汗のニオイや体温の上昇，呼気の中に含まれ排出されるCO_2を感知して，蚊が集まってくる。耳元で蚊の鳴く声が聞こえたときには，時すでに遅し。蚊に刺されている。腰に下げた携帯用の蚊取り線香を炊いていても，線香の煙は全身につねに届くわけでもない。届かない箇所は蚊に刺される。蚊取り線香は，ないよりはあったほうがややよい程度の効果しか期待できない。同様に，虫除けスプレーも衣服に吹きかけるが，吹き掛からなかったところは蚊に刺される。顔や首筋などでは，手のひらにスプレーを吹きかけて液状になった薬剤を直接肌へ塗りつけることも試してみたが，作業をすると汗で流れてしまい，その後は蚊の標的となる。年々，気温が上昇しているため，蚊は3月中旬から11月下旬まで活動を続けている。

　生え続ける雑草を延々と抜く草取り作業。蚊に刺され続けるなかでの農作業。しかし，負にあたる部分を体験しているだけではない。種から一斉に発芽した作物が緑色に列をなしている姿をみると，これからの生育が楽しみになる。雑草を取り除き，肥料を与えると，すくすくと成長していく。収穫の時期になると，世話をして手を加えた程度が，実った作物の大きさや味に反映される。

　農業をはじめとして，実働の伴う仕事は体を動かさなければ機能しない。経過も，地道に着実に取り組むことが必要で，仕事が終わった後に出る結果やでき栄えも，具体的な姿や形として誰の目にも明らかにされる。厳しさのある農作業であるが，これらの実働の醍醐味があるので，私はこれからも夢や希望を持って取り組んでいくつもりである。農作業は面白い‼

第 **9** 章
保護者への支援や援助

――― この章で学び，考えたいこと ―――

　園や学校は教育の専門機関として，子どもたちのよさや可能性を引き出し，次代を担う人材を育てる重要な営みを日々実践している。園や学校で学ぶ子どもたちは，保護者の養育のもとに健全に成長し，将来に向けて自らの自己実現を目指して学び，育てられる存在である。子どもにとって，家庭はかけがえのない安住の地であり，安らぎや潤いのある家庭は，生活を送る場所である。養育の主体は，保護者である。昨今は，社会の急激な変化などによって，保護者を取り巻く環境は年々多様化し，安定した子どもへの養育が困難な家庭も増えている。園や学校は，子どもたちへの保育や教育と同時に，保護者への支援や援助に努める時代を迎えている。

　この章では，子どもの養育に対して尽力する姿勢や思いがあっても，何らかの事情や理由により力が発揮できず，不安や悩みを抱えている保護者に対して，園や学校としての組織対応や，個々の指導者は援助をどのように考えて進めていくことがよいのか，事例などをもとに構想していただきたい。

　毎年4月頃になると，A男は毎日同じ衣服を身につけ，「着たきりスズメ」の状態
になる。気温の高い日などは，周囲の子どもたちから異臭がするとの声も聴こえてく
る。担任が放課後に本人へ事情を尋ねると，母親が朝起きることができず，衣服は洗
濯したものがなく，毎日同じものを着用していることがわかった。

　A男の前の担任へ話を聞くと，母親は春先になると軽いうつ病を発症し，家事など
は全くできなくなり，仕事を持つ父親が母親を全面的に支えているとのことであった。

　担任は，A男の母親に対して，何を，どのようにすればいいのか，支援や援助でき
ることを考えたが，思いつかず，悩みを募らせるばかりであった。A男に対する指導
や支援は担任としてできるが，A男の保護者に対してどのように関わり，支援や援助
ができるのか。線引きをして対応するということは，教育に携わる専門職としてある
べき姿なのか，ということも思案していた。

　担任が学年主任に助言を求めたところ，うつ病は時期が過ぎればまたもとに戻るの
で，心配ないため，担任としてA男のことに目を向けるべきであり，家庭内のことに
まで介入する必要はないと話した。この助言を受けて，担任はますます困惑するばか
りであった。

1　保護者と子どもは一体

　社会学では，家庭は子どもにとって基礎集団や第一次集団として捉えられ，
利害得失にとらわれず，生まれ出た子どもが初めて接する集団として位置づけ
られている。また，子どもは保護者など親権を有する者の養育を受ける義務や
権利などもあり，国の最高規範としての日本国憲法などにも規定されている。

　子どもたちにとって，保護者としての態様はさまざまであっても，養育をと
おして家庭のなかで躾けられ，人間としての生き方や常識，良識の礎や土台が
育まれる。子どもは，親に育てられることで，親子関係の深浅や様相は多様で
あっても，親子のつながりは依然としてあり，愛情や敬愛の念などの言葉や，
概念で判断できない深いつながりで結ばれており，一体として捉えてられる存

在である。

　顔やしぐさが似ているという外見上のことに留まらず，親が不調になると子どもも呼応して心身に不調や不安を呈するといった内面の変化が認められることからも，わかることである。

子は親の背をみて育つ

　人間に限らず動物全般に言えることであるが，子は親の模倣や真似をすることを通して育っていくと言われている。親の話し方を真似したことによって，抑揚や言い回しなどが似るということや，間の取り方などに至るまで，子どもが生き写しになっていることからも，このことがわかる。

　生まれた家庭で，よき親に養育を受ければよき子が育ち，悪しき親に養育を受ければ悪しき子が育つのか。また，よき親とはどのような養育をする親で，悪しき親とはどのような養育をする親なのか。私たちは，さまざまな事例から幅広く知ることができる。

　第二次世界大戦後に中国から入った「反面教師」という言葉がある。真似をしてはならない悪い手本，というのが本来の意味であるが，現在では悪しき手本から学び，そのようにならないよう戒める意味へと幅広く理解されている。知識や理解面だけでなく，思考力や判断力も未分化で育ちの途上にある子どもたちにとって，幅広く理解されている意味の「反面教師」は通用するのだろうか。発達段階から考えれば，答えはすぐに出るはずである。

保護者の思いや願い

　国の根幹を揺るがす戦乱や自然災害など，つねに穏やかではない歴史のなかで，日本は教育立国としての道を一貫して歩んでいる。教育の大切さについては，広く国民に理解されている。

　保護者は，自らの職務などをとおして教育の大切さを改めて知り，子どもに対して養育の段階から思いや願いを込め，期待も大きい。少子化のなかで，一人あたりの子どもにかかる期待は，さらに高まる傾向にある。園や学校への要

望などが昨今多くなっているのも，一人の子どもに対する思いや願いを反映してのことと捉えることもでき，理不尽な要求とは一線を画するべきである。園や学校は，保護者の意を体して，よりよき園や学校づくりを組織ぐるみで取り組み，負託に応えることが求められる。

2　事例9より：組織としての課題

　A男を担任する際には，前の担任から，子どものことだけでなく，保護者の配慮を要する内容についても事前に申し送りがなされるべきである。担任によっては，先入観を持って子どもや保護者をみることになるため，自らの目でみて判断したいという場合もある。しかし，今回の母親に起因するこの状況については，先入観うんぬんの問題なのであろうか。

　事前に例年4月の様子が担任へ把握されていれば，当該の子どもの様子から，もっと早い段階で対策を講じることが可能になったであろう。また，相談をした学年主任は，根本にある考えとして，学校から子どもが一歩出て家庭に着くまでは，登下校，在校中を含めて学校の管理下にあり，家庭では保護者の管理の下になるなど，線引きの意識のもとで，母親への関わりを避けることを暗に示している。担任の同僚であり，かつ教職経験年数も多い先輩でもある学年主任の話したことは，はたして助言になっているのかどうか，一人の教育者の姿勢としても疑問が残る。結果として，担任はさらに困惑してしまっている。

何を，どのようにすればよいのか

　4月から5月は，年間計画に位置づけられている全校一斉の家庭訪問の時期にあたる。この時期を捉えて，担任はまずA男の家庭へ訪問をする必要がある。

　うつ状態の母親へ訪問をすることは，酷なことである。事例だけでは状況は判断できないが，少なくともうつ状態にあるとするなら，全身の活力や気力は消え失せ，人と会話ができる状況ではない。父親の都合をうかがって家庭訪問の日時を決め，父親と話すことが必要である。家事全般を支えている父親と状

況について語り，把握したあと，担任としてよりよい対応を目指すことができる。

　また，母親がうつ状態から解放されたときには，本人の都合をうかがって，担任が家庭訪問をすることや，母親に来校していただくこともできる。

家族としての支えを考える

　うつ病は心の病として，とくに「仮面うつ」と呼ばれる症状も含めて，一般にも広く知られるようになっている。指導者として，関連書籍も数多く出版されているので，一読して概要を把握しておくことが大切である。

　事例にある学年主任のような見解を持っていたり，症状の様子について軽視していたりすると，後になり不測の事態が生じた際には，終始右往左往することになる。不測の事態とは，自ら命を落とす自殺などの危険性があるということである。

　事例の家庭では，父親が母親に代わって家事全般に尽力して，家族もこの姿勢をとおして親の背をみて協力し，支え合っていることが伝わってくる。これとは逆に，父親が何もしなければ，この家庭はどのようになるのか，想像しただけでも負の連鎖しか思い浮かべることができない。気力も活力もなくなってしまった母親は，やがて快復したとき，父親や家族への感謝の念をよりいっそう深めることであろう。

3　さらに考え，深く学ぶために

日本の教育の特質

　園や学校の管理下の範囲は，園であれば登園から在園を経て降園するまで，学校では，同様に登校から在校中を経て，下校するまでとされている。家庭に帰った後は，保護者の管理下となる。

　ただし，子どもが帰宅後に万引きなどの非行を起こした際には，担任や生活指導の担当者などが対応にあたり，保護者の管理下ではあるが，線引きをせず

に，子どもの教育として指導や説論をしている。子どもは，学校，家庭，地域で三位一体となって育てるという，社会の基盤や考え方に基づいている一面が反映されている。また，子どもが下校後に交通事故により病院へ搬送されたときなどには，病院へ急行し，受傷の状態を確認し，上司へ報告した後，家族とともに付き添うなどの対応もなされている。勤務時間や職務内容などを超えて，教育の専門家としての自覚や裁量に基づいて，献身的に対応することによって，日本の教育は支えられている。

　諸外国に目を向けると，学校と家庭は明確に線引きがされている。家庭に帰った後，子どもが非行を起こしたときには，学校は一切関与せず，すべてが家庭の管理下での責任となる。学校は学校で，家庭は家庭で，それぞれ分担して子どもを育てるという考え方が徹底されている。背景にあるのは，他人のプライバシーや考えには干渉しない代わりに，自分のプライバシーや考えにも干渉してほしくないという考え方に基づく，個人主義が徹底されていることである。一人ひとりが独立した個として尊重されるなか，自己責任の考え方が定着している社会の体制や風土が反映されていることが考えられる。

　保護者への支援や援助についても，諸外国の考え方から類推すれば，なぜ子どもの教育にあたる担任が保護者にまで関わるのか疑問が湧くであろう。また，保護者である母親は，うつ病で病院の診察や治療を受けており，担任がこれに関わることは理解できず，プライバシーの侵害にも当たるのではないかとの見解も示されるであろう。

　曖昧さ，寛容さ，忖度をすることなどの日本人の精神風土や，学校，家庭，地域の三位一体にみられる，子どもは社会全体で育てるという考え方。これらをふまえてなされている日本の教育は，これから先，どのように維持され，変革されていくのか興味深い。

夢や希望を語ることのできる教育のために

　少子高齢化が進み，新型コロナウイルス禍の影響が長期化するなか，子どもを育てる保護者にとって，今まで体験したこともない日常生活が続いており，

夢や希望も持てない心境にあることは容易に想像できる。平均的な勤労世帯では，コロナ禍によって収入が減少したり，勤務状況も安定しなくなったりと，厳しい生活が続いている。保護者は，やりくりをして生活をするなかで，何を削ったとしても子どもの教育だけには支出の道を閉ざしてはいない。子どもの成長を何よりの楽しみや喜びとし，教育は子どもに対するかけがえのない賦与と考えての結果である。

　これらの保護者の思いや願いに応えるためにも，教育に身を置く指導者は，日々の激務のなかではあるが，子どもや保護者へ夢や希望を語れる唯一の存在としてあるべきである。

　保護者にとっての子どもへの夢とは，さまざまな言い回しや表現があったとしても，本人が自己実現を図れることにあると私は考えている。その自己実現のときの具体像には，就きたい職業が選択できることなど，現実的な側面や，人としての道を踏み外さずに社会へ貢献できることなど，精神的な側面もある。保護者によってその具体像は多様である。

　子どもは，保護者にとって分身である。直接，自分から分かれた血のつながりのある子であっても，ない子であっても，分身としての我が子に対する思いや願いは変わらない。また，親権を有する保護者であっても，有していない保護者であっても，同様である。思いや願いの深浅や態様については，うかがい知ることや，良し悪しを評価することは難しい。その時々に起こったことに対する保護者としての子どもへの養育上の処遇は一律ではなく，第三者が判断できることではない。見た目から内面に至るまで，見取ることも難しい。

　園や学校の指導者は，保護者の子どもに対する思いや願いなどに目を向けて，幅広い見方や考え方で，よりよい保護者への支援や援助の専門職として尽力することが求められる。

その一言で……

　保護者が園や学校を訪ねて申し出をするにあたり，相応の覚悟のうえで行動を起こしていることは，指導者として相手の立場に置き換えてみればすぐにわ

かることである。

　まず，相手の申し出がどのようなことなのかよく耳を傾けて，聴くことが大切である。相手の感情が高ぶっていることや，納得，理解できていないことを次々にまくし立てることなども，傾聴することによって，徐々に冷静さや落ち着きを取り戻してくる。

　相手を中傷する野卑な言葉を大声でまくしたてること。冷淡な表情で，相手を刺すような言葉を次々に浴びせかけること。テーブルを叩いて，さらにはメモ帳やボイスレコーダーをこれ見よがしにみせて相手を威嚇すること。次々に間髪を入れずに質問をし，回答に窮することを狙う手法など，どれも筆者が在職中に体験した，保護者からの申し出のなかで実際にみられたことの一部である。

　筆者が在職したのは小学校であったが，これらの申し立てを中学校へ進んだ後も続ける保護者は皆無であったことが，中学校などとの情報交換などをとおしてわかった。子どもの進学等に関わる利害得失を考えてのことであることが垣間みえる。

　誰もが知る邦画「男はつらいよ」では，主人公の寅さんが数多くの名台詞を残している。そのなかで，筆者が最も鮮明に覚えている台詞として，「それを言っちゃあ，おしまいよ」という一節がある。人として，一度口に出したときには，何もかもなくなってしまい，取り返しがつかなくなるということに該当する意味である。

　人間は感情の起伏があり，喜怒哀楽もあるが，自らの言動を律して，判断するのは，自分自身である。また，筆者は人と人との関わりのなかで生きるうえで，相手に対する配慮や思いやりを持ち，自分にはない相手の長所などがわかったときには尊崇の念を持てる人間でありたいと思い，日々生きている。

　園や学校の指導者は，一人で抱え込むことなく，組織全体で対応するなど，実態に即して園長や校長の指導や助言を受けながら，適切に対応を進めていくことが大切である。

以下の文を読んで，その記述が正しければ○，誤りであれば×をつけなさい。

□(1)　社会学では，家庭は子どもにとって基礎集団や第一次集団として捉えられている。

□(2)　「反面教師」という言葉は，第二次世界大戦後に米国から入り，真似をしてはならない悪い手本，が本来の意味である。

□(3)　子どもたちにとって，家庭はかけがえのない安住の地であり，安らぎや潤いのある家庭生活を送る場である。

□(4)　人間に限らず，動物全般に言えることとして，子は親から学ぶ際には，模倣や真似を通して育っていくと言われている。

□(5)　うつ病は心の病として，特に「仮面うつ」と呼ばれる症状も含めて広く知られるようになっている。

コラム9
スパイクシューズをいただいて

　小学校の教諭時代の私は，年間をとおして始業前に子どもたちと一緒に校庭でジョギングをしていた。成長途上にある子どもたちにとって，筋力を付けるためのウエイト・トレーニングは意図的に避け，もっぱら柔軟性を高めることに重きを置いた。身体が柔軟になるにつれて手足の関節の可動範囲は広がり，身体にしなりが生まれ，反発力も得ることができる。そのため，ジョギングで走り終わった後は，右足のかかとは前方に着け，左足の甲は後方に着け，足を前後に開いた股開きの状態で柔軟性を高めた。無理なく時間をかけて行うと，数か月後にはほぼ全員が左右の足のいずれを前にしても，完全に開脚できるようになる。また，毎日走ることにより，心肺機能も向上し，1分あたりの拍動も減り，息が深くなる。自身で体感できることは，激しい運動をした後，いつまでも心拍数が高いままでなく，短時間でもとの心拍数へ戻る，ということである。

　このような朝のひと時を過ごしていた私に，ある日，子どもを通して，父親が面会したいとの申し出があった。その子から，父親が，娘の体が日に日に柔らかくなり，運動後の拍動が早く戻る姿をみて喜んでいたということを伝え聞いた。

　数日後，私は父親と実際に会った。自分の娘が陸上に目を向け，走力も付いていることに目を細め，感謝の念を繰り返し伝えられた。やがて，丁寧に袋に納められたものを私の前で取り出した。それは，陸上用のスパイクであった。ズック地と呼ばれる厚手の生地は黄ばみ，スパイクの先にはカバーが付いており，歴史を感じさせる一品であった。

　学生時代に陸上の短距離走の選手だったと語る父親は，このスパイクシューズは大会へ備えての練習で履いていたものであると言っていた。近くの土手をこの靴を履いて上り下りする練習を繰り返し，草に覆われていた場所はやがて道ができるほどになったと，練習やトレーニングの厳しさも語っていた。ところが，練習のやりすぎで足が疲労骨折し，結局このスパイクを大会で履くことはできなかったとうかがった。そして一言，「このスパイクシューズを先生に差し上げたい」との申し出を受けた。私はこのような思い出深い貴重な品をいただくことに戸惑い，固辞したが，ご本人の熱意や思いから拝受させていただいた。

　その後，私は別の学校へ転任したが，ある日スパイクシューズを私にくださった

この方が亡くなったことをうかがった。日焼けをして，元気そうで，目も輝いていたあの日の姿や様子が強く印象に残っていたため，その訃報に私は言葉を失った。齢50余で生涯を閉じられた，何とも言いようのない幕引きとなってしまった。

　私の手元には，今もそのスパイクシューズが保管されている。時々，その古くなった靴を手に取り，眺めることがある。さまざまな方向からそれをみていると，いただいた日の会話や表情が思い起こされる。私に自分の大切にしていた靴をくださったのは，陸上に子どもとともに取り組む自分へ思いや願いを託してくださったのだと，私は考えている。

　スパイクシューズは，あくまで靴という「物」の1つである。しかし，この靴は土手に道ができるほどの厳しい練習の日々を故人とともに過ごした特別なものであり，この世に1つしかない「逸品」でもある。物には，所有する人と長い時間をともにしたり，大切に愛玩されたりすると，ただの物から，やがて持ち主の魂が入る貴重な逸品へと変容する。さらに，それを受け継いだ人は，その逸品をとおしてその人の生き方や取り組みなどを偲ぶことにより，魂の一端を垣間見ることができるようである。また，人の命は有限であるが，愛され，大切にされた逸品は保管され，受け継がれるなかで，少なくとも半永久的に残り，自らの姿をとおしてさまざまな示唆を私たちに与えてくれるように思う。

第 **10** 章
未来を展望した，現実的な課題への見方や考え方

──────── この章で学び，考えたいこと ────────

　　園や学校は，組織として独立した存在であるとともに，社会のなかに組み込ま
れている組織であるという側面を持っている。松尾芭蕉の俳諧用語のなかには，
「不易」「流行」という言葉がある。不易とは，時が流れても変わらないことを意
味し，流行とは，その時の時流などによって変わることである。教育にこの言葉
をあてはめると，「不易」では教育立国としての日本の歩みや理念，「流行」では，
時流のなかでの教育に対する社会の求めや要請などとなろう。

　　新型コロナウイルス禍によって，先の見えない状況が続いた結果，将来に向け
ての不安や不確定さを反映し，新生児数の減少という予想外のことが起こってい
る。このことで，確実に日本の総人口1億人割れは，さらに早まるであろう。加
えて，昭和22年生まれの人々を最多とする団塊の世代は，これから後期高齢者と
なり，人口減少はさらに加速することが予想される。就園，就学の人数も減少の
一途をたどっている。園や学校は，このような社会状況をふまえて，少人数編成
による個に応じた指導や支援に加えて，特色のある園や学校づくりを具体的に構
想して，推進していく責務を負っている。

　　この章では，人口減少などによって起こる「流行」にあたることを園や学校を
中心に考え，自分はこれから先どうするのかを構想していただきたい。

　数年前に起こった新型コロナウイルス禍で新生児の出生数が減少した影響を受け，各市町村では，幼稚園や保育園の統廃合や，こども園への移管などが急速に進められていた。また，入園者数の減少により，幼稚園教諭や保育士の人員整理なども検討される時代となっていた。

　私立のＡ幼稚園とＢ幼稚園は，このようななかでも，他の市町村から通園する園児も見られるなど，人気のある園である。

　Ａ幼稚園では『論語』の素読を行なっており，組ごとに担任の後に続いて音読をしている。文字や意味がわからなくとも，後々になってわかればよいという園長の方針である。また，挨拶の仕方，正しい言葉遣い，箸の持ち方など，保護者と一体となって，子どもが身につけられるよう，園生活全体で配慮されていた。一日の園生活では，曜日ごとに集団活動を主体とし，そのなかで，適宜一人ひとりの思い思いの活動も計画され，子どもたちは小学校へ入学した後に，小１プロブレムを起こすこともなく，新たな生活へ順応していた。

　一方，Ｂ幼稚園では，英語圏の外国人を雇用し，外国人指導者の後に続いて英語を唱え，会話のみではなく簡単な英単語も書いていた。英語は世界で広く使われている言語であり，幼少期から慣れ親しむことで国際感覚が養われるという園長の方針である。また，月に一度のビュッフェ方式での給食の折には，ナイフやスプーン，フォークを使って，思い思いに自席で食事をする場や機会が設けられていた。集団での活動は少なく，登園後には，子どもたちの自由でのびのびとしたさまざまな活動が，園舎や園庭でなされていた。

1　未来を展望する大きな力となる新聞

　教育だけでなく，広く社会全体の流れや情報を知る手立てとして，新聞の力は大きい。定期購読をすれば，毎朝早朝のうちに新聞が配達され，家にいながらにして，さまざまな情報を得ることができる。朝方，時間がとれない多忙なときには，右から左へ配列された大見出しや小見出しをみれば，何が書いてあるのか，おおまかな概要をつかむことができる。後になって読む時間が確保で

きたときには，詳細について目をとおすこともできる。

　また，記事の文章が1000文字を超えたときには写真も入り，読みやすくみやすい工夫もなされている。朝刊は30面前後で構成されているが，時事問題，政治，経済，スポーツ，事件などが各ページに掲載されており，自らの興味や関心のある記事を選択したり，軽重をつけて読んだりすることができる。カラー刷りの商品などの宣伝や，週刊誌の広告，宝くじの抽選結果，株式の情報と，世相や時の流れについても知ることができる。

　筆者は現在3紙を購読しているが，同じ事件や出来事であっても新聞ごとに見方や考え方が異なり，論評や表現も異なり，新聞の読み比べによる面白さを享受している。教育関連の記事や裁判の判例などは，切り抜いて，スクラップすることも続けている。日々，新聞を継続して読んでいると，日本の国がこれから先どのようになってゆくのか，未来予想が自分なりにできる。身近な新聞の力は大きい。

日本の教育のよさを活かす

　日本の教育では，自国の伝統や文化を尊重するのみでなく，他国の伝統や文化も同様に尊重するなど，自国への考え方が他国にも及ぶことが明記されている。また，教育の公平，公正，中立性も強調している。これらの基本理念は，成熟した民主国家の成員として，これから次代を担う子どもたちにとっての大きな力となる。

　世界の国々の体制や国情はさまざまであり，人権が大きく侵害されている国や，経済的に困窮している国，戦禍や内乱に見舞われている国など，さまざまである。相手を尊重する教育を受け，偏った教育を受けていない日本の子どもたちは，物事の持つ多面性を，多角的に，発達段階に応じて，みて，考えることができる。多面性とは，事象などが持つさまざまな面であり，多角的とは，さまざまな角度から考えることを意味する。

　日本の子どもたちの強みは，さまざまな面をみることや探すことができること。さらに，みつかった面をいろいろな角度から考えることなどが可能なこと

である。思想や言語が統制され，偏った物の見方や考え方が国家ぐるみで強要されている国の教育とは異なり，この国の教育の大きな特長であるとも言える。今後も，この教育を伸長させることは，園や学校の指導者に求められることである。

AI の進展が職務に及ぼす影響とは

　人工知能「AI」が今後積極的に導入されるなか，今まで人力でなされていた仕事が AI に代替される事は容易に予測される。製造業では，人間にとって危険な作業や工程では，産業用ロボットが早くから導入されていたが，これから先は AI によって，今までは人でなければ対応できない微妙な調整や，職人並みの巧みな技術や技能を求められる作業や工程も代替可能とされている。

　AI に代替されたとき，今まで作業にあたっていた人々は，どのようになるのか。人員整理や解雇等が起こることも予想される。

　保育や教育の世界でも AI の導入が図られたとき，どのようなことが起こるだろうか。はたして，「人を教えるのは人でしかできない」と断言できるのか。現在，他の業種では永年の経験や積み重ねによって獲得された職人の技や技術に及ぶまで，AI に代替されることが予測されている。

　酷な言い方や見解で恐縮であるが，AI に取って変わられるような日々の職務を遂行している指導者から順に仕事を失うことも予想される。職務の具体的な内容や中身は，指導力に行き着く。指導力は，今の時代にそれらが問われ始めたのではなく，つねに問われ続けていることである。時には未来を展望して，自分に関わることとして，AI について，その導入状況などを把握することが大切である。

2　事例10より：園のよさを考える

A幼稚園の良さ

　素読とは，書いてある文字や漢字などが難しくて読めず，当然その意味もわ

からないなかで，指導者の読んだ後について音読することである。福島県の会津若松市では，伝統的に『論語』の素読が教育に取り入れられている。園長の発言にあるとおり，後になってわかればよいということである。

　幼稚園の子どもたちにとっては，指導者の言った後に復唱することをとおして，みんなで声を合わせることで，声の響き合いを聞くことができ，楽しいひと時になる。そのうえ，何度も繰り返して復唱するうちに，覚えることもできる。さらに，みんなで一緒に，みんなと同じ『論語』を指導者とともに学ぶこともできる。

　また，挨拶の励行や箸の使い方など，保護者とともに学び，身につけさせている点も，園長の考え方が伝わってくる。家庭で躾けるべきであり，園でやるべきことではないと線引きをしているうちに，子どもたちはどんどん成長していき，結果として，これらのことが身についていないうちに小学校に入学することになる。さらに，箸の持ち方等は保護者自身が自分の持ち方ができていない場合もあり，親子ぐるみで再点検することもできる。

　一貫して集団のよさに目を向けて，集団の中で個を育てる方針が伝わってくる。また，個についても配慮がされており，小学校入学後に45分授業に集中できないことや，集団行動がともにできないことで，学校生活に馴染むことが難しい子どもたちは少ないように思える。

Ｂ幼稚園のよさ

　日本語とは全く異なる未知の言語を，外国人の指導者の表情や声を頼りにして復唱したり，会話したりすることは，子どもたちにとって楽しいひと時となる。ただ英語を話すだけではなく，表情が豊かで，さまざまな仕草を交えて子どもたちと接する外国人の指導者から学ぶことは多々ある。簡単な英単語を書くことも，子どもたちにとっては初めてのことであり，楽しさはさらに増すことであろう。

　また，家庭では箸やスプーンを使った食事や，限られた品数のなかで食卓を囲んでいることが多いためであろうが，数多くのメニューのなかから好きなも

のを選んで，食べる体験は，豊かな情操を育むことができる。

一人ひとりの子どもを，伸びやかに，思い思いの活動を通して育んでいく園長の方針が伝わってくる。

小学校入学後，1年生から始まる外国語に慣れ親しむ活動も円滑に入ることができ，外国人の指導者から学んだことは，より充実した楽しさとして生かされるはずである。

選択をするのは保護者

保護者が我が子のためにA幼稚園を選ぶか，B幼稚園を選ぶか判断する際，2つの観点から選択されるものと推測する。

まず，見た目の違いから判断されるであろう。『論語』の素読か，英会話かということである。『論語』の素読を目の当たりにしたとき，それをよしとする保護者は，後になってどこまで子どもがわかるようになるのか，我が子の先を楽しみに感じることや，みんなで一緒にという一体感を肯定的に受け止めるであろう。一方，わけのわからないことを子どもたちに唱えさせ，みんなと一緒にというなかでは，一人ひとりの思いや願いは反映されず，個を否定することになると，否定的な見解をもつ保護者も出るであろう。

B幼稚園の英会話や英語を書くことについて，肯定的に受け止める保護者にとっては，英語に早いうちから慣れ親しむことは，これから先の英語学習につながる有益なことと考える。一方で，否定する保護者は，日本語の獲得もまだまだ未熟な子どもに，英会話のみでなく，簡単ではあっても英語を書かせるとはどういうことなのかと思うのであろう。結果として，日本語も英語も中途半端で，後々に禍根を残すことにもつながるのではないかなどと考えることが予想される。

2つ目の判断材料は，集団主体を選ぶか，個を主体とする方を選ぶかという点になる。世の流れは，一人ひとりや個が主体となりつつあるが，何のための集団かと考える保護者は疑問を持つであろう。

いずれにしても，A幼稚園もB幼稚園も，園長の方針やリーダーシップが発

揮され，特色のある園の運営がなされており，多くの保護者にとっては魅力的
で人気のある園である。

3　さらに考え，深く学ぶために

日本の教育の課題とは

　「実るほど 頭 を垂れる稲穂かな」「空樽は音が高い」，これらの格言は，謙虚
さや徳を積むことなどに関する美徳や戒めについて述べている。また，日本人
は勤勉で誠実な生き方をしているうえに寛容さも持っており，私たちの先人か
ら日本の古きよき伝統として受け継がれている。

　日本の教育も，これらの精神風土を反映して連綿となされているが，近年の
子どもたちを対象とする国際的な意識調査等の結果をみると，日本の子どもた
ちは「自己肯定感」が諸外国に比べて低いことが顕著に表れている。端的に言
えば，自分の持っている能力や値打ちなどを信じて，自分自身を認める思いや
意識が低く，半信半疑で自信が持てないことが指摘できるのである。また，知
識や技能を生かして，試験問題に対して手際よく解答を導き出すことができる
が，応用や適応させて問題を解決する場面では，力が充分発揮されていないこ
とも明らかになっている。さらに，自らの考えや意見を相互に議論し，相手に
自分の見解などを説明して交流させる力も課題とされている。

　将来に向けて，これからは地球規模での諸外国との行き来や交流も加速化す
るなかで，「自己肯定感」「応用，適応力」「双方向のコミュニケーション能力」
の育成は，幼稚園や保育園のときから，発達段階に応じて培っていくことが必
要である。

　世界の国々へ目を向けると，日本の伝統的な精神風土とは全く逆の国や，否
定する歩みを国家ぐるみで強行するなど，さまざまな国が散見できる。謙虚さ
や寛容さなど，日本のよき伝統は継承されていくが，必要に応じて，明確に相
手に対して自らの判断した結果を伝えることや，「ダメなことはダメ」と曖昧
さを残さず断言する姿勢も求められる。

昨今，農業実習生として来日するアジア各国の方々と話すことも多いが，「日本は天国である」と異口同音に口にする。安定期に入って日々の生活を享受している日本人は，この言葉を耳にしたとき，どのように捉えるのであろうか。

新聞を活用した研修のすすめ

　社会全体の進展や個々の生き方，価値観の多様化などを背景として，現代は従前の制度や法律等が通用，適用することが難しくなり，これらの見直しや改定などが続き，これからの未来へ向けてもこの流れは継続される状況にある。園や学校の指導者として，職務に関わるものは当然把握すると同時に，社会情勢を広く捉えるという点からも，専門職の教養として，これらを理解する時代を迎えている。

　これらの現代的な問題は，「夫婦別姓か同姓か」「成人年齢は18歳か20歳か」「死刑制度は存続か廃止か」といった両論が議論されている問題や，「ハラスメント」「人権侵害」といった現実に起こっていることへの対応や議論など，さまざまである。これらのことについては，新聞を購読することによって，情報などを広く収集することができ，園や学校の指導者として，両論を対比させながら，自分の考えやこれから先のことについて展望することができる。

　たとえば，「夫婦別姓か同姓か」をめぐる議論では，婚姻制度の面や，家族とは何かといった幅広い観点から，両論からの議論や見方，考え方が新聞紙上に掲載されている。園や学校では，現実的な課題として，夫婦別姓を希望する親の子が兄弟や姉妹として入園・入学したとき，どのように対応するのかなど，新たな取り組みが必要となる。

　また，ハラスメントの問題についても，人権尊重の立場から個々の職員と職場全体の視点から見直されるべきことである。さまざまなハラスメントの共通点として，相手の受け止め方と，言葉を発した側の意識の開きが注目されている。意識という内面の，目にはみえず，他の人にはうかがい知ることができない心の働きなどを考慮する必要があり，防止へ向けた園や学校としての取り組

みが求められている。

　園内研修や校内研修は，園や学校がそれぞれ掲げている教育目標の具現化に向け，課題を解決させるため，全員で取り組む研修である。テーマやねらいに沿ったこれらの研修のほか，前述の現代的課題についても取り上げ，全職員での意見交換を主体とした研修の場や時間を設定することをとおして，指導者としての幅広い見識や教養を深めることができる。現代的な課題を数多く記事として掲載している新聞を切り抜き，複数の新聞社による論調の違いなどにも目を向け，対比させながら活用すると，実りある研修が可能となるであろう。

自信と誇りを持ち，職務の遂行を

　幼稚園や保育園，学校に勤務する指導者は，専門職である。「士」や「師」がつく職業に就く人々は，定められたカリキュラムや研修を終えた後，専門職としての資格を取得して現職にある。

　「士」のつく消防士は，火災現場に出動した時，猛火や爆発などによって，つねに身の危険と隣り合わせで職務の遂行にあたっている。火災現場で迅速な態勢が取れなければ，延焼は広がり，人の命や財産を失うことにもつながる。日常の訓練や一人ひとりの体力づくり，チームワークなど，失敗が許されないことを前提に，普段の備えがなされている。代わりの効かない職務であり，訓練などを受けていない人がホースを持ったとしても，水圧で身体が吹き飛ばされて，二次災害に見舞われるのが関の山である。

　また，「師」のつく薬剤師は，医師の処方に従って患者へ薬剤を調合する専門職である。薬剤は日進月歩で多種多様なものがあり，新たに開発されて加わるものもある。薬剤の効能だけでなく，組成や成分に至るまで把握し，アレルギー反応などにも留意して処方をしている。体内へ入る薬剤は，誤って処方されれば命の危機にも直結する可能性があり，細心の注意が払われている。

　園や学校へ勤務する指導者は，激務のなかで，保護者対応などで苦慮するなど，順風満帆なときばかりではない。そのようなときには，その他の職にある「士」や「師」のことも思い浮かべてみると，どの職もみな大変であることが

わかる。

　代替ができない専門職として，不断の努力や実践を日々着実に積み上げていくうちに，徐々に自信や誇りは醸成され，揺るぎないものが確実に形成されていく。保育や教育の職務は，実践していくなかで，やってもやってもこれでいいというゴールがみえてこず，際限もないが，これは奥が深いということでもある。筆者はこの「魅力」に取り付かれ，今も，そしてこれからも，教育の世界に身を置くつもりである。

第10章　理解度テスト

以下の文を読んで，その記述が正しければ○，誤りであれば×をつけなさい。

□(1)　新聞を定期購読すると，毎日早朝のうちに配達され，家にいながらにしてさまざまな情報を得ることができる。

□(2)　人工知能（AI）が，今後積極的に導入されるなか，今まで人力でなされていた仕事がAIに代替されることは，容易に予測される。

□(3)　世界の国々の体制はさまざまであり，人権が大きく侵害されている国，経済的に困窮している国，戦禍や内乱に見舞われている国など多様である。

□(4)　新型コロナウイルス禍によって，先のみえない状況が続いた結果，将来へ向けての不安や不確実さを反映して，新生児数の減少という予想外のことが起こっている。

□(5)　日本の総人口が1億人割れする事態は，昭和22年生まれの人々を最多とする団塊の世代が，これから後期高齢者となることで，さらに加速する。

コラム10
4人からのメッセージ

　私が大学へ入学して3か月が過ぎた7月中旬の頃，私は午前10時30分に始まる体育の授業を屋外の運動場で受けていた。一人ひとりに準備されたアイアンで，ゴルフボールをグループごとに設置されたネットの的へ打つという授業であった。ゴルフなどまったくやったこともなかった私は，アイアンをボールに当てることすらできず，空振りの連続だったが，やっとボールにかすり始めていた時のことだった。

　「キキーッ」という金属音と，電車から発せられるけたたましい警笛が，私の耳へ飛び込んできた。運動場の横を通る鉄道へ目を向けると，電車の下には車が巻き込まれ大破していた。

　体育の授業を担当していた教授が，すぐに授業中の私たち全員を集めて，絶対に現場へ行かないようにと告げた。私たちも，救急搬送や現場検証で騒然としている場所へ行って迷惑をかけないように，そわそわしながらも授業を受け続けた。

　どんなことが起こったのか，事故の様子が気になっていた私は，学食で昼食をとったあと，現場へと向かってみた。多くの人々が行き交っていた姿もすでになく，数人の警察官や消防の方々が留まるなかで，線路際の草むらに目を向けた。そこには，毛布を掛けられた4人が静かに横たわっていた。顔や体は何枚かの毛布で覆われていたが，足元は見ることができ，シーパンの裾や，白いスニーカーが見えていた。

　4人は車内で圧死したそうで，そのため体には目立った傷がほとんどなく，運転していた別の1人は救急車で搬送中に亡くなったとのことであった。5人は別の学部の1年生で，試験に遅れそうになっていたために，警報機の鳴る踏切を渡ってしまい，急行電車と衝突したそうだ。

　現場で横たわる4人の傍らには線香が供えられ，現場にはその煙や香りが漂っていた。私は4人に対して合掌をした後，周辺の重い空気の中に身を置き，何もなかったかのような静けさのなかで佇んでいた。会ったこともない4人ではあったが，年齢は近い。「なんでこんなことに」「まさか死ぬとは思ってもいなかったろうに」「苦しくて，さぞ痛かったろうに」と思いつつ，毛布の下の4人へ心の中で語りかけていた。すると，彼らの混乱や無念さなどの気持ちが，知らず知らずのうちに私に伝わり，私は「みんなの分も，これから頑張るよ」と伝えながら，再び合掌をし

て現場を後にした。

　私は霊感が強いわけではないが，あの時は確実に，落命した4人の言葉では表現
できない思いや願いなどの気持ちが，以心伝心されていた。

　以降，私はあの時4人に対して念じたことが実行できているとは言い難い。また，
生きていたとしたら社会へ貢献できただろう彼ら4人の力に見合うことができてい
るかも疑わしい。しかし，その後，困難に出会ったときには，この出来事を思い出
しながら，どうにか達成し，克服することができたように思う。

付　録

◎は本文に深く関係する条項，〔　〕は筆者による見出しを示す。
原文に項番号がないものには①②……と付した。

日本国憲法（抄）
昭和21年憲法

日本国民は，正当に選挙された国会における代表者を通じて行動し，われらとわれらの子孫のために，諸国民との協和による成果と，わが国全土にわたつて自由のもたらす恵沢を確保し，政府の行為によつて再び戦争の惨禍が起ることのないやうにすることを決意し，ここに主権が国民に存することを宣言し，この憲法を確定する。そもそも国政は，国民の厳粛な信託によるものであつて，その権威は国民に由来し，その権力は国民の代表者がこれを行使し，その福利は国民がこれを享受する。これは人類普遍の原理であり，この憲法は，かかる原理に基くものである。われらは，これに反する一切の憲法，法令及び詔勅を排除する。

日本国民は，恒久の平和を念願し，人間相互の関係を支配する崇高な理想を深く自覚するのであつて，平和を愛する諸国民の公正と信義に信頼して，われらの安全と生存を保持しようと決意した。われらは，平和を維持し，専制と隷従，圧迫と偏狭を地上から永遠に除去しようと努めてゐる国際社会において，名誉ある地位を占めたいと思ふ。われらは，全世界の国民が，ひとしく恐怖と欠乏から免かれ，平和のうちに生存する権利を有することを確認する。

われらは，いづれの国家も，自国のことのみに専念して他国を無視してはならないのであつて，政治道徳の法則は，普遍的なものであり，この法則に従ふこと

は，自国の主権を維持し，他国と対等関係に立たうとする各国の責務であると信ずる。

日本国民は，国家の名誉にかけ，全力をあげてこの崇高な理想と目的を達成することを誓ふ。

第三章　国民の権利及び義務

〔基本的人権〕

第十一条　国民は，すべての基本的人権の享有を妨げられない。この憲法が国民に保障する基本的人権は，侵すことのできない永久の権利として，現在及び将来の国民に与へられる。

〔自由及び権利の保持義務と公共福祉性〕

第十二条　この憲法が国民に保障する自由及び権利は，国民の不断の努力によつて，これを保持しなければならない。又，国民は，これを濫用してはならないのであつて，常に公共の福祉のためにこれを利用する責任を負ふ。

◎〔個人の尊重と公共の福祉〕

第十三条　すべて国民は，個人として尊重される。生命，自由及び幸福追求に対する国民の権利については，公共の福祉に反しない限り，立法その他の国政の上で，最大の尊重を必要とする。

〔平等原則〕

第十四条　すべて国民は，法の下に平等であつて，人種，信条，性別，社会的身分又は門地により，政治的，経済的又は社会的関係において，差別されない。

◎〔公務員の本質〕

第十五条　公務員を選定し，及びこれを罷免することは，国民固有の権利である。

②　すべて公務員は，全体の奉仕者であつ

て，一部の奉仕者ではない。

◎〔教育を受ける権利と受けさせる義務〕

第二十六条　すべて国民は，法律の定めるところにより，その能力に応じて，ひとしく教育を受ける権利を有する。

②　すべて国民は，法律の定めるところにより，その保護する子女に普通教育を受けさせる義務を負ふ。義務教育は，これを無償とする。

教育基本法（抄）
平成18年法律第120号

　我々日本国民は，たゆまぬ努力によって築いてきた民主的で文化的な国家を更に発展させるとともに，世界の平和と人類の福祉の向上に貢献することを願うものである。

　我々は，この理想を実現するため，個人の尊厳を重んじ，真理と正義を希求し，公共の精神を尊び，豊かな人間性と創造性を備えた人間の育成を期するとともに，伝統を継承し，新しい文化の創造を目指す教育を推進する。

　ここに，我々は，日本国憲法の精神にのっとり，我が国の未来を切り拓く教育の基本を確立し，その振興を図るため，この法律を制定する。

第一章　教育の目的及び理念

◎（教育の目的）

第一条　教育は，人格の完成を目指し，平和で民主的な国家及び社会の形成者として必要な資質を備えた心身ともに健康な国民の育成を期して行われなければならない。

（教育の目標）

第二条　教育は，その目的を実現するため，学問の自由を尊重しつつ，次に掲げる目標を達成するよう行われるものとする。

一　幅広い知識と教養を身に付け，真理を求める態度を養い，豊かな情操と道徳心を培うとともに，健やかな身体を養うこと。

二　個人の価値を尊重して，その能力を伸ばし，創造性を培い，自主及び自律の精神を養うとともに，職業及び生活との関連を重視し，勤労を重んずる態度を養うこと。

三　正義と責任，男女の平等，自他の敬愛と協力を重んずるとともに，公共の精神に基づき，主体的に社会の形成に参画し，その発展に寄与する態度を養うこと。

四　生命を尊び，自然を大切にし，環境の保全に寄与する態度を養うこと。

五　伝統と文化を尊重し，それらをはぐくんできた我が国と郷土を愛するとともに，他国を尊重し，国際社会の平和と発展に寄与する態度を養うこと。

（教育の機会均等）

第四条　すべて国民は，ひとしく，その能力に応じた教育を受ける機会を与えられなければならず，人種，信条，性別，社会的身分，経済的地位又は門地によって，教育上差別されない。

第二章　教育の実施に関する基本

◎（義務教育）

第五条　国民は，その保護する子に，別に法律で定めるところにより，普通教育を受けさせる義務を負う。

2　義務教育として行われる普通教育は，

各個人の有する能力を伸ばしつつ社会において自立的に生きる基礎を培い，また，国家及び社会の形成者として必要とされる基本的な資質を養うことを目的として行われるものとする。

3　国及び地方公共団体は，義務教育の機会を保障し，その水準を確保するため，適切な役割分担及び相互の協力の下，その実施に責任を負う。

4　国又は地方公共団体の設置する学校における義務教育については，授業料を徴収しない。

◎（学校教育）

第六条　法律に定める学校は，公の性質を有するものであって，国，地方公共団体及び法律に定める法人のみが，これを設置することができる。

2　前項の学校においては，教育の目標が達成されるよう，教育を受ける者の心身の発達に応じて，体系的な教育が組織的に行われなければならない。この場合において，教育を受ける者が，学校生活を営む上で必要な規律を重んずるとともに，自ら進んで学習に取り組む意欲を高めることを重視して行われなければならない。

（教員）

第九条　法律に定める学校の教員は，自己の崇高な使命を深く自覚し，絶えず研究と修養に励み，その職責の遂行に努めなければならない。

◎（幼児期の教育）

第十一条　幼児期の教育は，生涯にわたる人格形成の基礎を培う重要なものであることにかんがみ，国及び地方公共団体は，幼児の健やかな成長に資する良好な環境

の整備その他適当な方法によって，その振興に努めなければならない。

学校教育法（抄）
昭和22年法律第26号
改正：令和元年法律第44号

第一章　総則

◎〔学校の範囲〕

第一条　この法律で，学校とは，幼稚園，小学校，中学校，義務教育学校，高等学校，中等教育学校，特別支援学校，大学及び高等専門学校とする。

◎〔校長，教員〕

第七条　学校には，校長及び相当数の教員を置かなければならない。

〔児童，生徒等への懲戒〕

第十一条　校長及び教員は，教育上必要があると認めるときは，文部科学大臣の定めるところにより，児童，生徒及び学生に懲戒を加えることができる。ただし，体罰を加えることはできない。

第二章　義務教育

〔就学義務〕

第十七条　保護者は，子の満六歳に達した日の翌日以後における最初の学年の初めから，満十二歳に達した日の属する学年の終わりまで，これを小学校，義務教育学校の前期課程又は特別支援学校の小学部に就学させる義務を負う。ただし，子が，満十二歳に達した日の属する学年の終わりまでに小学校の課程，義務教育学校の前期課程又は特別支援学校の小学部の課程を修了しないときは，満十五歳に達した日の属する学年の終わり（それまでの間においてこれらの課程を修了した

ときは，その修了した日の属する学年の終わり）までとする。

② 保護者は，子が小学校の課程，義務教育学校の前期課程又は特別支援学校の小学部の課程を修了した日の翌日以後における最初の学年の初めから，満十五歳に達した日の属する学年の終わりまで，これを中学校，義務教育学校の後期課程，中等教育学校の前期課程又は特別支援学校の中学部に就学させる義務を負う。

③ 前二項の義務の履行の督促その他これらの義務の履行に関し必要な事項は，政令で定める。

第三章　幼稚園

◎〔幼稚園の目的〕

第二十二条　幼稚園は，義務教育及びその後の教育の基礎を培うものとして，幼児を保育し，幼児の健やかな成長のために適当な環境を与えて，その心身の発達を助長することを目的とする。

〔目標〕

第二十三条　幼稚園における教育は，前条に規定する目的を実現するため，次に掲げる目標を達成するよう行われるものとする。

一　健康，安全で幸福な生活のために必要な基本的な習慣を養い，身体諸機能の調和的発達を図ること。

二　集団生活を通じて，喜んでこれに参加する態度を養うとともに家族や身近な人への信頼感を深め，自主，自律及び協同の精神並びに規範意識の芽生えを養うこと。

三　身近な社会生活，生命及び自然に対する興味を養い，それらに対する正し

い理解と態度及び思考力の芽生えを養うこと。

四　日常の会話や，絵本，童話等に親しむことを通じて，言葉の使い方を正しく導くとともに，相手の話を理解しようとする態度を養うこと。

五　音楽，身体による表現，造形等に親しむことを通じて，豊かな感性と表現力の芽生えを養うこと。

◎〔園長，教頭，教諭その他の職員〕

第二十七条　幼稚園には，園長，教頭及び教諭を置かなければならない。

② 幼稚園には，前項に規定するもののほか，副園長，主幹教諭，指導教諭，養護教諭，栄養教諭，事務職員，養護助教諭その他必要な職員を置くことができる。

③ 第一項の規定にかかわらず，副園長を置くときその他特別の事情のあるときは，教頭を置かないことができる。

④ 園長は，園務をつかさどり，所属職員を監督する。

⑤ 副園長は，園長を助け，命を受けて園務をつかさどる。

⑥ 教頭は，園長（副園長を置く幼稚園にあつては，園長及び副園長）を助け，園務を整理し，及び必要に応じ幼児の保育をつかさどる。

⑦ 主幹教諭は，園長（副園長を置く幼稚園にあつては，園長及び副園長）及び教頭を助け，命を受けて園務の一部を整理し，並びに幼児の保育をつかさどる。

⑧ 指導教諭は，幼児の保育をつかさどり，並びに教諭その他の職員に対して，保育の改善及び充実のために必要な指導及び助言を行う。

⑨ 教諭は，幼児の保育をつかさどる。

⑩ 特別の事情のあるときは，第一項の規定にかかわらず，教諭に代えて助教諭又は講師を置くことができる。

⑪ 学校の実情に照らし必要があると認めるときは，第七項の規定にかかわらず，園長（副園長を置く幼稚園にあつては，園長及び副園長）及び教頭を助け，命を受けて園務の一部を整理し，並びに幼児の養護又は栄養の指導及び管理をつかさどる主幹教諭を置くことができる。

地方公務員法（抄）

昭和25年法律第261号

改正：令和元年法律第37号

第三章　職員に適用される基準

第六節　服務

◎（服務の根本基準）

第三十条　すべて職員は，全体の奉仕者として公共の利益のために勤務し，且つ，職務の遂行に当つては，全力を挙げてこれに専念しなければならない。

◎（信用失墜行為の禁止）

第三十三条　職員は，その職の信用を傷つけ，又は職員の職全体の不名誉となるような行為をしてはならない。

◎（秘密を守る義務）

第三十四条　職員は，職務上知り得た秘密を漏らしてはならない。その職を退いた後も，また，同様とする。

◎（職務に専念する義務）

第三十五条　職員は，法律又は条例に特別の定がある場合を除く外，その勤務時間及び職務上の注意力のすべてをその職責遂行のために用い，当該地方公共団体が

なすべき責を有する職務にのみ従事しなければならない。

◎（政治的行為の制限）

第三十六条　職員は，政党その他の政治的団体の結成に関与し，若しくはこれらの団体の役員となつてはならず，又はこれらの団体の構成員となるように，若しくはならないように勧誘運動をしてはならない。

◎（争議行為等の禁止）

第三十七条　職員は，地方公共団体の機関が代表する使用者としての住民に対して同盟罷業，怠業その他の争議行為をし，又は地方公共団体の機関の活動能率を低下させる怠業的行為をしてはならない。又，何人も，このような違法な行為を企て，又はその遂行を共謀し，そそのかし，若しくはあおつてはならない。

◎（営利企業への従事等の制限）

第三十八条　職員は，任命権者の許可を受けなければ，商業，工業又は金融業その他営利を目的とする私企業（以下この項及び次条第一項において「営利企業」という。）を営むことを目的とする会社その他の団体の役員その他人事委員会規則（人事委員会を置かない地方公共団体においては，地方公共団体の規則）で定める地位を兼ね，若しくは自ら営利企業を営み，又は報酬を得ていかなる事業若しくは事務にも従事してはならない。ただし，非常勤職員（短時間勤務の職を占める職員及び第二十二条の二第一項第二号に掲げる職員を除く。）については，この限りでない。

第七節　研修

◎（研修）

第三十九条　職員には，その勤務能率の発揮及び増進のために，研修を受ける機会が与えられなければならない。

教育公務員特例法（抄）

昭和24年法律第1号

改正：平成29年法律第29号

第四章　研修

◎（研修の機会）

第二十二条　教育公務員には，研修を受ける機会が与えられなければならない。

2　教員は，授業に支障のない限り，本属長の承認を受けて，勤務場所を離れて研修を行うことができる。

3　教育公務員は，任命権者の定めるところにより，現職のままで，長期にわたる研修を受けることができる。

（初任者研修）

第二十三条　公立の小学校等の教諭等の任命権者は，当該教諭等（臨時的に任用された者その他の政令で定める者を除く。）に対して，その採用（現に教諭等の職以外の職に任命されている者を教諭等の職に任命する場合を含む。附則第五条第一項において同じ。）の日から一年間の教諭又は保育教諭の職務の遂行に必要な事項に関する実践的な研修（以下「初任者研修」という。）を実施しなければならない。

（中堅教諭等資質向上研修）

第二十四条　公立の小学校等の教諭等（臨時的に任用された者その他の政令で定める者を除く。以下この項において同じ。）の任命権者は，当該教諭等に対して，個々の能力，適性等に応じて，公立の小学校等における教育に関し相当の経験を有し，その教育活動その他の学校運営の円滑かつ効果的な実施において中核的な役割を果たすことが期待される中堅教諭等としての職務を遂行する上で必要とされる資質の向上を図るために必要な事項に関する研修（以下「中堅教諭等資質向上研修」という。）を実施しなければならない。

地方教育行政の組織及び運営に関する法律（抄）

昭和31年法律第162号

改正：令和元年法律第37号

第一章　総則

◎（基本理念）

第一条の二　地方公共団体における教育行政は，教育基本法（平成十八年法律第百二十号）の趣旨にのつとり，教育の機会均等，教育水準の維持向上及び地域の実情に応じた教育の振興が図られるよう，国との適切な役割分担及び相互の協力の下，公正かつ適正に行われなければならない。

第二章　教育委員会の設置及び組織

第一節　教育委員会の設置，教育長及び委員並びに会議

（設置）

第二条　都道府県，市（特別区を含む。以下同じ。）町村及び第二十一条に規定する事務の全部又は一部を処理する地方公共団体の組合に教育委員会を置く。

（組織）

第三条　教育委員会は，教育長及び四人の

委員をもつて組織する。ただし，条例で定めるところにより，都道府県若しくは市又は地方公共団体の組合のうち都道府県若しくは市が加入するものの教育委員会にあつては教育長及び五人以上の委員，町村又は地方公共団体の組合のうち町村のみが加入するものの教育委員会にあつては教育長及び二人以上の委員をもつて組織することができる。

第二節　事務局

◎（指導主事その他の職員）

第十八条　都道府県に置かれる教育委員会（以下「都道府県委員会」という。）の事務局に，指導主事，事務職員及び技術職員を置くほか，所要の職員を置く。

2　市町村に置かれる教育委員会（以下「市町村委員会」という。）の事務局に，前項の規定に準じて指導主事その他の職員を置く。

3　指導主事は，上司の命を受け，学校（学校教育法（昭和二十二年法律第二十六号）第一条に規定する学校及び就学前の子どもに関する教育，保育等の総合的な提供の推進に関する法律（平成十八年法律第七十七号）第二条第七項に規定する幼保連携型認定こども園（以下「幼保連携型認定こども園」という。）をいう。以下同じ。）における教育課程，学習指導その他学校教育に関する専門的事項の指導に関する事務に従事する。

4　指導主事は，教育に関し識見を有し，かつ，学校における教育課程，学習指導その他学校教育に関する専門的事項について教養と経験がある者でなければならない。指導主事は，大学以外の公立学校

（地方公共団体が設置する学校をいう。以下同じ。）の教員（教育公務員特例法（昭和二十四年法律第一号）第二条第二項に規定する教員をいう。以下同じ。）をもつて充てることができる。

教育職員免許法（抄）
昭和24年法律第147号
改正：令和元年法律第37号

第一章　総則

◎（この法律の目的）

第一条　この法律は，教育職員の免許に関する基準を定め，教育職員の資質の保持と向上を図ることを目的とする。

（定義）

第二条　この法律において「教育職員」とは，学校（学校教育法（昭和二十二年法律第二十六号）第一条に規定する幼稚園，小学校，中学校，義務教育学校，高等学校，中等教育学校及び特別支援学校（第三項において「第一条学校」という。）並びに就学前の子どもに関する教育，保育等の総合的な提供の推進に関する法律（平成十八年法律第七十七号）第二条第七項に規定する幼保連携型認定こども園（以下「幼保連携型認定こども園」という。）をいう。以下同じ。）の主幹教諭（幼保連携型認定こども園の主幹養護教諭及び主幹栄養教諭を含む。以下同じ。），指導教諭，教諭，助教諭，養護教諭，養護助教諭，栄養教諭，主幹保育教諭，指導保育教諭，保育教諭，助保育教諭及び講師（以下「教員」という。）をいう。

2　この法律で「免許管理者」とは，免許状を有する者が教育職員及び文部科学省

令で定める教育の職にある者である場合にあつてはその者の勤務地の都道府県の教育委員会，これらの者以外の者である場合にあつてはその者の住所地の都道府県の教育委員会をいう。

3　この法律において「所轄庁」とは，大学附置の国立学校（国（国立大学法人法（平成十五年法律第百十二号）第二条第一項に規定する国立大学法人を含む。以下この項において同じ。）が設置する学校をいう。以下同じ。）又は公立学校（地方公共団体（地方独立行政法人法（平成十五年法律第百十八号）第六十八条第一項に規定する公立大学法人（以下単に「公立大学法人」という。）を含む。）が設置する学校をいう。以下同じ。）の教員にあつてはその大学の学長，大学附置の学校以外の公立学校（第一条学校に限る。）の教員にあつてはその学校を所管する教育委員会，大学附置の学校以外の公立学校（幼保連携型認定こども園に限る。）の教員にあつてはその学校を所管する地方公共団体の長，私立学校（国及び地方公共団体（公立大学法人を含む。）以外の者が設置する学校をいう。以下同じ。）の教員にあつては都道府県知事（地方自治法（昭和二十二年法律第六十七号）第二百五十二条の十九第一項の指定都市又は同法第二百五十二条の二十二第一項の中核市（以下この項において「指定都市等」という。）の区域内の幼保連携型認定こども園の教員にあつては，当該指定都市等の長）をいう。

4　この法律で「自立教科等」とは，理療（あん摩，マッサージ，指圧等に関する

基礎的な知識技能の修得を目標とした教科をいう。），理学療法，理容その他の職業についての知識技能の修得に関する教科及び学習上又は生活上の困難を克服し自立を図るために必要な知識技能の修得を目的とする教育に係る活動（以下「自立活動」という。）をいう。

5　この法律で「特別支援教育領域」とは，学校教育法第七十二条に規定する視覚障害者，聴覚障害者，知的障害者，肢体不自由者又は病弱者（身体虚弱者を含む。）に関するいずれかの教育の領域をいう。

（免許）

第三条　教育職員は，この法律により授与する各相当の免許状を有する者でなければならない。

2　前項の規定にかかわらず，主幹教諭（養護又は栄養の指導及び管理をつかさどる主幹教諭を除く。）及び指導教諭については各相当学校の教諭の免許状を有する者を，養護をつかさどる主幹教諭については養護教諭の免許状を有する者を，栄養の指導及び管理をつかさどる主幹教諭については栄養教諭の免許状を有する者を，講師については各相当学校の教員の相当免許状を有する者を，それぞれ充てるものとする。

3　特別支援学校の教員（養護又は栄養の指導及び管理をつかさどる主幹教諭，養護教諭，養護助教諭，栄養教諭並びに特別支援学校において自立教科等の教授を担任する教員を除く。）については，第一項の規定にかかわらず，特別支援学校の教員の免許状のほか，特別支援学校の各部に相当する学校の教員の免許状を有

する者でなければならない。

4　義務教育学校の教員（養護又は栄養の指導及び管理をつかさどる主幹教諭，養護教諭，養護助教諭並びに栄養教諭を除く。）については，第一項の規定にかかわらず，小学校の教員の免許状及び中学校の教員の免許状を有する者でなければならない。

理解度テスト解答

	(1)	(2)	(3)	(4)	(5)
第1章	×	×	○	×	○
第2章	○	×	○	○	○
第3章	○	○	○	×	×
第4章	○	×	×	○	×
第5章	○	○	○	×	○
第6章	×	○	×	○	○
第7章	×	○	○	×	○
第8章	×	×	○	×	○
第9章	○	×	○	○	○
第10章	○	○	○	○	×

参 考 文 献

安彦忠彦『自己評価――「自己教育論」を超えて』図書文化社，1987年。

天野郁夫編『教育への問い――現代教育学入門』東京大学出版会，1997年。

飯田稔『児童生徒と教師を護る危機管理術――学校・学級の崩れとサバイバル』学陽書房，1999年。

奥田真丈・永岡順編集『教職員』（現代学校教育全集第16巻）ぎょうせい，1980年。

近藤政明ほか『校長の教育学――心のふれあいを求めて』教育出版，1984年。

下村哲夫『事例考察「事件」の中の教師たち――教育と法律のはざまで』教育開発研究所，1991年。

高久清吉『教育実践学――教師の力量形成の道』教育出版，1990年。

中留武昭『学校経営の改善戦略』第一法規出版，1989年。

永岡順編著『校長・教頭と教師の間――学校経営の再建』（シリーズ教育の間第1巻）ぎょうせい，1990年。

宮本三郎『実践研究と校長の指導性』第一法規出版，1985年。

今後の勉強に資する文献

秋田喜代美・佐藤学編著『新しい時代の教職入門　改訂版』有斐閣，2015年。

飯田稔『教師のちょっとした文書・手紙の書き方　新装版』学陽書房，2014年。

飯田稔『新版　教師のちょっとしたマナーと常識』学陽書房，2003年。

亀井浩明『今，期待される教師の力――教育の課題と教師の創意工夫』教育出版，1994年。

木川達爾『子どものほめ方・叱り方』第一法規出版，1979年。

北岡俊明『本田宗一郎の経営学――七つの経営パラダイム』産業能率大学出版部，1992年。

渋谷昌三監修『よくわかる心理学』西東社，1999年。

野口克海『教育はこれからがおもしろい――改革への意欲と行動力を』日本教育新聞社出版局，1994年。

菱村幸彦『やさしい教育法規の読み方　新訂第5版』教育開発研究所，2015年。

マンスフィールド，M.／小関哲哉訳『日本ほど重要な国はない――21世紀は太平洋の世紀　新版』サイマル出版会，1984年。

あとがき

　みなさんは，なぜ園や学校の教師になったのであろうか。教員採用試験の二次面接では，志望動機として必ず問われる質問でもある。採用され，年月が流れた今でも，多くの先生方はどのように回答をしたのかを明確に覚えているはずである。それはやはり，自分が教師を目指した根本であり，出発点にあたることだからであろう。

　「子どもたちのために，全身全霊をもって取り組むことができる職業だからです」「小学校時代にお世話になった先生の生き方をみて，教師という仕事の素晴らしさを感じ，教師を目指しました」など，さまざまな志望動機があるようだ。みなさんは，当時を振り返ったとき，どのような志望動機を語ったのであろうか。今，筆者が最も問いかけたいことは，そのとき語ったことがどこまでなされ，貫かれているのかということである。

　人にはそれぞれの人生がある。生き生きと教育への夢や希望を語り，若き日に抱いたことも，結婚や出産，自らの子どもの養育などの環境の変化を経て，さまざまな現在の態様にあるように思う。ある中堅教員は，「やっても，やらなくても同じ」「毎年，前年度踏襲で波風立てずに淡々と仕事をすれば十分」など，長年の実践で培ってきたことを「その日暮らし」の易きについた生き方へと変貌させている。民間企業から教職の道に入った筆者は，このような考え方をする中堅教員の気持ちも手に取るようにわかる。

　民間企業では，業績が悪くなり収益が減れば倒産する。また，倒産を防ぐために一番お金のかかる人件費を削る。業績を上げられない者は，直接解雇を告げると裁判沙汰にもなるので，窓際の仕事や遠隔地の勤務を命じ，婉曲的に本人の退職を促す。大雑把ではあるが，これらが民間企業の常識である。

　さて，このような民間企業の常識に対して，園や学校はどうであろうか。地方公務員法や学校教育法などによって，身分上の義務，制限，禁止事項や研修

の義務などが明示されているだけでなく，専門職として手厚く身分が保障されている側面があることを忘れてはならない。これは，例えば子どもたちの指導に問題を残し，教壇に立たせることが不適切な「問題教員」の処遇をみると実にわかりやすい。一言で言えば，民間会社のように簡潔明瞭な根拠や迅速さをもって，本人の退職を促すことができない点が大きな違いである。これらの教員を抱える都道府県では，その処遇をめぐって非常に苦慮している面がある。

　また，やってもやらなくても同じ，前年度踏襲で淡々と，などの生き方も理解できる。これらの考えを中堅教員として持つ方がいるとするなら，根底にあるのは，給与や給与体系のことなのかもしれない。仕事量の多さや質の高さに応じて，それらに見合った給与や待遇がなされていないと考えるのなら，職務への取り組みや姿勢もそのようになるのであろう。さらに，年功序列の給与体系も加わる。年齢を重ねれば，その人でなければできない経験に基づく高度な指導や支援もあるほか，歳を追って教育費など自ら養育する子どもへの支出も増えるため，理に適った給与体系とも言える面もある。

　現在，これらの給与面や給与体系は大きく変わりつつある。学校では校長や副校長，主幹教諭，指導教諭，教諭などの職階制を設け，職階に応じた給与体系を取り入れている都道府県もある。そのための人事評価と相まって，今後は教育の世界も民間企業なみの給与面や給与体系の考え方が導入されるような流れになるはずである。

　少々，終わりに園や学校に勤務する教師の陰や負の部分，給与などの話題を取り上げたが，やはり教師の仕事は実践をすればするほど，追究すべきことや課題が次々に浮上する奥が深い職業であり，やり甲斐のある仕事である。また，一人の人間として，子どもたちへのよりよい指導や支援を自ら求めるなかで，単なる指導力や技法の向上だけでなく，自分自身の理念や考えも，それらに相応する力量や生き方として形成されていくものなのであろう。

　本書で取り上げたことは，現在の園や学校で喫緊の課題となっていることである。改善策や対応についても一部触れているが，一端を述べたに過ぎない。

中堅教員として，さらによりよい方策についても具体的に見出し，自らの職能成長のための一助としていただければ幸いである。

2021年12月

石田　成人

索　引

173

《著者紹介》

石田成人（いしだ　なりと）

1952（昭和27）年群馬県館林市生まれ。日本大学農獣医学部卒業。民間企業を経て，1978（昭和53）年群馬県内の公立小学校教諭として奉職。その後，指導主事，校長などの要職を経て，2008（平成20）年群馬大学教職大学院准教授。2012（平成24）年現職退職後は晴耕雨読の生活を送っていたが，東京未来大学からの要請により，2014（平成26）4月東京未来大学モチベーション行動科学部非常勤講師（社会科，公民科教育法などを担当）就任。2015（平成27）年4月からは同大学こども心理学部非常勤講師（教育法規など担当）併任。現在に至る。産経新聞群馬県版に「NIE先生のなるほどコラム」を連載。

新しい時代の教職原論
——園・学校の事例から考える——

2022年1月30日　初版第1刷発行　　　　　　〈検印省略〉

定価はカバーに
表示しています

著　　者　　石　田　成　人
発 行 者　　杉　田　啓　三
印 刷 者　　中　村　勝　弘

発行所　株式会社　ミネルヴァ書房
607-8494 京都市山科区日ノ岡堤谷町1
電話代表　（075）581-5191
振替口座　01020-0-8076

© 石田成人, 2022　　　　　　　中村印刷・藤沢製本

ISBN978-4-623-09315-1
Printed in Japan

今井和子・近藤幹生 監修

MINERVA 保育士等キャリアアップ研修テキスト

全7巻／B5判／美装カバー

①乳児保育

今井和子・矢島敬子 編著 194頁・本体1800円

②幼児教育

初瀬基樹 編著 200頁・本体2000円

③障害児保育

市川奈緒子 編著 178頁・本体1800円

④食育・アレルギー対応

林 薫 編著 194頁・本体2200円

⑤保健衛生・安全対策

小林美由紀 編著 212頁・本体2200円

⑥保護者支援・子育て支援

小野崎佳代・石田幸美 編著 176頁・本体2000円

⑦マネジメント

鈴木健史 編著 192頁・本体2200円

―――――― ミネルヴァ書房 ――――――
https://www.minervashobo.co.jp/